kindergarten heute

Stefanie Salomon

SO WÄCHST SPRACHE

Impulse für die sprachliche
Bildung in der Kita

Verlag Herder

VORWORT

„Was bedeutet Sprache für Sie?“ Diese Frage stelle ich als Fachreferentin für Sprache oft am Anfang meiner Fortbildungen für pädagogische Fachkräfte.
Die häufigsten Antworten, die ich auf diese Frage erhalte, lauten: Kommunikation, Verständigung, sich mitteilen können.
Was hätten Sie gesagt? Meine eigene, ganz persönliche Antwort auf diese Frage nennen die Teilnehmer*innen oft erst ganz zum Schluss: Spaß. Ich finde nämlich, Sprache und Sprechen sollten vor allem Freude machen. Denn wer gern spricht, spricht irgendwann bestimmt auch gut!
Manchmal höre ich, dass Kinder als „sprechfaul“ bezeichnet werden. Das finde ich nicht passend. Ich glaube, es gibt keine sprechfaulen Kinder, es gibt höchstens „sprechunfreudige“ Kinder. Um den Spaß an Sprache zu erhalten oder vielleicht auch wieder neu zu wecken, thematisiere ich in diesem Buch vieles, was Lust am und auf das Sprechen macht. Bilderbücher und kreative Ideen für ihren Einsatz, Kreisspiele, Gesellschaftsspiele, Reime, Lieder, Fingerspiele, aber auch Materialien wie Blanko-Würfel, Steine und (Erzähl-) Säckchen – Sprache steckt in so vielem und kann auf so vielen verschiedenen Ebenen stattfinden, sich übertragen und weiterentwickeln. Der Fokus liegt dabei auf der einfachen und schnellen Umsetzbarkeit der Impulse im pädagogischen Alltag.

Ziel des Buches ist, dass Sie als pädagogische Fachkräfte sich in Ihrer Arbeit bestärkt fühlen und in Ihrem Sprechverhalten bestätigt sehen. Es braucht nicht immer teure Materialien und lange Vorbereitungszeiten, um gute Sprachbildung und -förderung zu leisten: Ihr eigenes Sprechverhalten ist ausschlaggebend, Ihre eigene Freude am Sprechen steckt an! Und so hoffe ich, dass Sie in meinem Buch Bekanntes finden (und sich dessen Bedeutung für den Spracherwerb bewusst(er) werden), dass Sie Neues entdecken und in Ihren pädagogischen Alltag mitnehmen und dass Sie merken, dass jede, wirklich jede noch so kleine, alltägliche Situation genutzt werden kann, um Kinder sprachlich zu begleiten.
Jedes Kapitel in diesem Buch behandelt einen anderen Schwerpunkt an sprachlichen Impulsen. Das erste Thema ist der Wortschatz („Lexikon“ genannt), also die Sammlung der Wörter, die ein Kind versteht und/oder spricht (Kapitel 1 und 2). Darauf folgt die Grammatik, die regelt, wie die Wörter miteinander kombiniert und in Beziehung gesetzt werden (Kapitel 3 und 4). Das Thema „Aussprache“ steht in Bezug zur Unterstützung der Mundmotorik (Kapitel 5) und zur Ausbildung der phonologischen Bewusstheit (Kapitel 6). Das darauffolgende Kapitel ist dem Erzählen (7) gewidmet; drei weitere beschäftigen sich mit dem Einsatz von sprachbildendem Material im Sinne von Liedern, Reimen und Fingerspielen, Brett- und Kreisspielen sowie Bilderbüchern (Kapitel 8 bis 11). Das letzte Kapitel (12) thematisiert die frühe Mehrsprachigkeit von Kindern und gibt Beispiele dafür, wie Sie weitere Sprachen in den pädagogischen Alltag einbeziehen. In der Summe entsteht daraus eine Sammlung an Impulsen, bei deren Umsetzung nicht nur die Kinder Sprechfreude empfinden, sondern auch Sie als pädagogische Fachkräfte.

Viel Spaß und Freude an einem
sprachreichen Kita-Alltag
wünscht Ihnen
Stefanie Salomon

© privat

Stefanie Salomon studierte Germanistik und Psychologie. Sie leitet als Fachreferentin für Sprache (prozessbegleitende) Fortbildungen und Arbeitskreise und hält Vorträge für alle, die mit Kindern zu tun haben. In ihrer Funktion als Sprachheilbeauftragte befasst sie sich mit Kindern und ihren Eltern. Sie arbeitete lange Jahre in Kitas und Schulen, um Kinder beim Spracherwerb zu unterstützen. www.stefanie-salomon.de

EINLEITUNG

DER FRÜHKINDLICHE SPRACHERWERB

Das Verlangen nach Kommunikation begleitet Kinder von Geburt an. Ebenfalls von Geburt an verwenden sie die unterschiedlichsten Formen, um sich und ihre Bedürfnisse mitzuteilen. Dazu zählen nonverbale Signale wie Mimik, Gestik und Körpersprache genauso wie das Schreien oder Weinen und irgendwann die ersten gesprochenen Wörter. Alle Kinder benötigen Bezugspersonen, die ihre kommunikativen Signale verstehen, aufgreifen und weiterführen. Sprache überträgt sich am besten durch Bindung und Beziehung von Mensch zu Mensch; dies ist sicherlich die wichtigste Erkenntnis, wenn man Kinder auf ihrem Weg zu (gesprochenen) Sprachen unterstützen möchte.

Gerade im Elementarbereich, in dem Kinder noch in einer besonders sensiblen Phase des Spracherwerbs sind, gibt es zahlreiche Ansätze, wie sich die Entwicklung der sprachlichen Fähigkeiten stärken lässt. Spezielle Sprachförderprogramme und -materialien, externe Fachkräfte, die in Einrichtungen Sprachkurse abhalten – an unterschiedlichen Ideen und Konzepten mangelt es nicht. Dabei sind es meist die – vermeintlich belanglosen – Alltagsmaterialien und die ganz alltäglichen Situationen in Kombination mit der sensiblen sprachlichen Anregung einer Bezugsperson, die eine große Wirkung haben und alltagsintegrierte Sprachbildung ausmachen.

SPRACHBILDUNG

Die Begriffe „(alltagsintegrierte) Sprachbildung" und „Sprachförderung" werden oft synonym verwendet, bezeichnen aber meiner Auffassung nach nicht exakt dasselbe. Sprachliche Bildung benötigen alle Kinder, und zwar von Geburt an und auch weit über das Kita- und Grundschulalter hinaus. Denn die Sprachentwicklung ist nie abgeschlossen. Methoden der alltagsintegrierten Sprachbildung sind z. B.:

- handlungsbegleitendes Sprechen
- korrigierendes Feedback
- Dialoge, orientiert am Interesse des Kindes
- das Stellen von (offenen) Fragen
- positive Verstärkung
- nonverbale Kommunikation
- Zuhören und Abwarten (als Teil eines Dialoges) u. v. m.

Alle Situationen des pädagogischen Alltags sind für die alltagsintegrierte Sprachbildung geeignet, z. B.:

- Begrüßung und Verabschiedung
- Morgenkreis und/oder Abschiedstreff
- Besprechen von Konfliktsituationen
- Tischgespräche
- Freispiel
- Spielen eines Gesellschaftsspiels
- Basteln und Malen
- Zeit im Garten oder bei Exkursionen
- gemeinsame Planung von Aktivitäten
- Durchführung kleiner und großer Projekte u. a.

SPRACHFÖRDERUNG

Sprachförderung setzt einen zusätzlichen Bedarf an Sprache bzw. sprachlicher Unterstützung voraus. Dieser Bedarf kann z. B. aufgrund organischer Ursachen (kurzzeitige Probleme mit dem Gehör) oder genetischer Ursachen (Veranlagung) entstehen. Manche Kinder haben auch aufgrund eines anregungsarmen Umfelds einen erhöhten Bedarf an sprachlicher Unterstützung. Eine gezielte Sprachbeobachtung oder sogar Sprachstandserhebung ist notwendig, um auf deren Erkenntnissen weiterführende Angebote abstimmen zu können. Denn hat ein Kind Schwierigkeiten mit dem Erwerb von Grammatik, ist es nicht zielführend, ausschließlich den Wortschatz zu erweitern oder die Mundmotorik zu verbessern. Die Angebote zur Unterstützung des Kindes müssen stets passgenau für den bestehenden Bedarf sein. Darüber hinaus ist es auch ratsam, regelmäßig zu überprüfen, ob die Angebote überhaupt Wirkung zeigen, indem man die Beobachtung oder Sprachstandserhebung wiederholt.

MATERIALIEN UND METHODEN

In diesem Buch finden Sie sowohl Impulse, die einfach in den Alltag einfließen können, als auch solche, die eine gezielte Situation, z. B. eine Kleingruppe, erfordern. So hilft beispielsweise schon das sprachlich begleitete Spielen mit Bauklötzen beim Verstehen und Erlernen von Präpositionen. Eine kleine Regeländerung beim Versteckspielen (nicht nur zu benennen, wen man gefunden hat, sondern auch, wo das Versteck gewesen ist) macht die Verwendung dieser Wörter unverzichtbar (s. Kapitel 3, Impuls 2). Mit Löffeln und kleinen Bällchen wird das Anwenden dieser schwierigen Wortform beim „Löffelspiel" ein regelrechtes Vergnügen (s. Kapitel 3, Impuls 8).
Ein weiterer Schwerpunkt des Buches liegt auf Materialien, die in den allermeisten Einrichtungen ohnehin vorhanden sind und deren Einsatz keinerlei Vorbereitungszeit benötigt. Das beste Beispiel dafür sind Memo-Karten. Diese können äußerst vielfältig zur alltagsintegrierten Sprachbildung und zur gezielten Sprachförderung eingesetzt werden, sodass sie den Wortschatz erweitern, den Erwerb der Artikel unterstützen, die Erzählkompetenz stärken oder zur Ausbildung der Lautbewusstheit dienen.

GRENZEN DER SPRACHFÖRDERUNG IN DER KITA

Wichtig ist, eine Abgrenzung zwischen Sprachförderung und Sprachtherapie vorzunehmen. Nicht alle sprachlichen Auffälligkeiten lassen sich (ausschließlich) durch pädagogische Maßnahmen verbessern oder gar beheben. Lispeln, Stottern oder die fehlerhafte Artikulation verschiedener Laute gehören beispielsweise immer in den Fachbereich von Logopäd*innen oder ähnlich spezialisierter Fachkräfte. Aus diesem Grund finden Sie zu Sprachauffälligkeiten, die zwingend einen Therapiebedarf nach sich ziehen, hier keine Anregungen.

DAS FAMILIÄRE UMFELD

Die sprachliche Entwicklung aller Kinder zu unterstützen, ist ein großer und sehr wichtiger Aufgabenbereich jeder pädagogischen Einrichtung. Den größten Einfluss auf die sprachliche Entwicklung haben aber die Eltern bzw. die familiären Bezugspersonen des Kindes. Aus diesem Grund enthalten die thematischen Schwerpunkte auch Anregungen, wie Sie die Eltern in die sprachliche Bildung und Förderung einbeziehen können. Der Austausch über den Sprachstand des Kindes und über sprachliche Anregungen in Kita und Familie sollte immer Teil der Bildungspartnerschaft zwischen pädagogischen Fachkräften und Eltern sein.

PÄDAGOGISCHE FACHKRÄFTE IN DER SPRACHBILDUNG STÄRKEN

Das vorliegende Buch erhebt nicht den Anspruch auf Vollständigkeit, weder was die Themen noch die Impulse betrifft. Vielmehr soll die Auswahl exemplarisch zeigen, in welchen Handlungen ohnehin schon Sprache steckt und wie viel mehr Sprache durch kleine Ergänzungen entstehen kann. Nicht alle dieser Impulse habe ich mir selbst ausgedacht. Viele sind Allgemeingut, wurden und werden stets aufs Neue von Fachkraft zu Fachkraft weitergegeben. Andere wurden von Teilnehmenden meiner Fortbildungen entwickelt oder im Austausch mit anderen Referent*innen an mich herangetragen. Das Buch versteht sich daher als Sammlung. Themenübergreifendes Ziel ist vor allem, Sie im Umgang mit Kindern in Ihrem sprachlichen Verhalten und den sprachbildenden Vorgehensweisen zu stärken und sicher zu machen. Meiner Erfahrung nach entsteht bei vielen pädagogischen Fachkräften das Gefühl, die „einfachen" und „altbewährten" Methoden wie Dialog, Bilderbuchbetrachtungen, Finger- und Bewegungsspiele oder Spieleklassiker seien nicht ausreichend, und nur spezifische Programme oder speziell geschulte Expert*innen könnten die Sprachentwicklung der Kinder optimal unterstützen. Doch Sprache entsteht und wächst durch Beziehung, Bindung, Nähe, eine offene Haltung allen Sprachen gegenüber und durch wohlwollende Zuwendung. Kein Buch, kein Spiel und kein „Programm" hat von sich aus eine sprachfördernde Wirkung. Diese entsteht weitestgehend durch Sie und Ihr sprachliches Verhalten! Letztlich möchten Kinder immer spüren, dass sie gesehen, gehört und verstanden werden und dass jemand auf sie reagiert und eingeht. Daraus entsteht das Gefühl: Ich bin sicher, ich bin nicht allein und ich kann etwas bewirken.

1 WORTSCHATZAUFBAU IN WORTFELDERN AM BEISPIEL VON GEFÜHLEN

„Ein Wort, das ein Kind nicht kennt, ist ein Gedanke, den es nicht denken kann“ (Maier 1999) – Kindern zu neuen Wörtern, also einem vielfältigen und differenzierten Wortschatz zu verhelfen, ist eine wichtige und oft drängende Aufgabe im pädagogischen Alltag. Das „Lexikon“ eines Kindes, also die Gesamtheit der bekannten Wörter, setzt sich aus dem aktiven und dem passiven Wortschatz zusammen. Der aktive Wortschatz bezeichnet dabei alle Wörter, die das Kind verwendet, der passive Wortschatz die Wörter, die verstanden werden.

Pädagogische Fachkräfte sollten die Erweiterung des kindlichen Wortschatzes allerdings nicht wie das Lernen von Wörtern im Fremdsprachenunterricht verstehen. Kinder lernen in der sensiblen Phase des Spracherwerbs neue Wörter nicht wie Vokabeln gezielt auswendig. Vielmehr erschließen sie sich die Begriffe und deren Bedeutung mit all ihren Sinnen: über das Hören, Sehen, Riechen, Fühlen und Schmecken. Deshalb ist es wichtig, Wörter in unterschiedlichen Zusammenhängen und in Verbindung mit verschiedenen Sinneserfahrungen anzubieten.

Sinnvoll ist es darüber hinaus, sich als Ziel zu setzen, den Wortschatz in bestimmten, klar festgelegten Themenfeldern aufzubauen bzw. zu ergänzen – und zwar an dem aktuellen Interesse der Kinder orientiert. Das allgemeine Ziel „Vergrößerung des Wortschatzes“ ist ein zu ungenaues und führt eher dazu, dass Fachkräfte die Fortschritte eines Kindes nicht richtig wahrnehmen und auch nicht nachhalten können. Der Vorteil eines festgelegten Themenbereiches liegt auch darin, dass Thema und Begriffe mit dem gesamten Team abgestimmt werden können. So können alle Fachkräfte die neuen Wörter sowohl alltagsintegriert als auch gezielt, z. B. bei Projekten, aufgreifen und das Materialangebot, die Buchauswahl oder die Raumgestaltung dann auf dieses Themenfeld zuschneiden. Wie dies konkret funktioniert, zeigt im Folgenden ein eher abstrakter Wortbereich, nämlich der zum Thema „Gefühle“. Die im Team abgesprochenen Gefühlszustände bzw. Adjektive könnten hier „traurig“, „fröhlich“, „glücklich“, „ängstlich“, „wütend“, „überrascht“, „neugierig“ und „verliebt“ sein. Wortfeldarbeit ist aber auch zu anderen Themen wie Tieren, Farben, Fahrzeugen u. v. m. möglich – eben zu allem, was die Kinder gerade besonders interessiert.

LERNZIELE

- Wortschatzerweiterung in einem festgelegten Wortfeld
- nonverbale Gefühlsausdrücke (Mimik, Gestik, Körperhaltung) erkennen und einem Wort zuordnen
- Nomen, Verben und Adjektive im Wortfeld „Gefühle“ verstehen und verwenden
- über eigene Gefühle sprechen und davon erzählen
- die Gefühle anderer erkennen und benennen

FÜR SIE IN DEN BILDUNGSPLAN GESCHAUT

Berlin: „Zuhören und Verstehen, eigene Ideen und Gefühle äußern sowie Fragen stellen sind Bestandteile der sich entwickelnden sprachlichen Kompetenz" (S. 16).
Brandenburg: „Jede Erzieherin und jeder Erzieher unterstützen die Entwicklung von Eigensinn und Gemeinsinn der Kinder, indem sie und er sich regelmäßig folgende Fragen stellen: Gelingt es den Kindern, ihre eigenen Wünsche, Bedürfnisse, Interessen und Gefühle auszudrücken? Gelingt es den Kindern, die Wünsche, Bedürfnisse, Interessen und Gefühle anderer wahrzunehmen und zu verstehen? Wie kann ich Kinder unterstützen, die dabei Schwierigkeiten haben?" (S. 31).
Hessen: „Die Entwicklung sozialer und emotionaler Kompetenzen ist eng verknüpft mit der Entwicklung sprachlicher und kognitiver Fähigkeiten. Soziales Verständnis setzt voraus, dass sich ein Kind in die Gefühle anderer Menschen hineinversetzen kann (emotionale Perspektivenübernahme). Erst mit Fortschreiten der sprachlichen Entwicklung wird es möglich, Gefühle zu benennen, sich über Gefühle auszutauschen und mit Unterstützung Möglichkeiten zu finden, um mit schwierigen Situationen zurechtzukommen" (S. 58).
Bayern: „Das Kind lernt, kompetent und verantwortungsvoll mit eigenen Gefühlen und Gefühlen anderer Menschen umzugehen. [...] Dies umfasst insbesondere folgende Aspekte: Sich der eigenen Gefühle bewusst werden, sie akzeptieren, sie gegenüber anderen beschreiben und über sie nachdenken können [...]. Eigene Gefühlszustände mit Worten benennen und beschreiben, darüber sprechen und anderen erzählen können, wie man sich fühlt" (S. 176 f.).

IMPULSE

1 Gefühle erkennen und benennen

Jeden Tag entstehen tagtäglich Situationen, die in einem Kind Gefühle auslösen. Um bei Kindern dafür die Wörter anzubahnen, ist es zunächst erforderlich, dass die Fachkraft jedes Gefühl so oft wie möglich benennt und durch zusätzliche Informationen ergänzt: „Schaut mal, dieses Kind sieht traurig aus. Es schaut nach unten und Tränen laufen über sein Gesicht. Es weint." Durch diese Modellierungstechnik verbindet das Kind die Begriffe „traurig", „Träne" und „weinen" miteinander – eine gute Kombination aus Adjektiv, Nomen und Verb. Gefühle werden häufig mit Adjektiven benannt. Dazu passende Nomen wie „Traurigkeit", „Fröhlichkeit", „Angst", „Wut", „Überraschung", „Neugier" und „Verliebtheit" in den Sprachgebrauch einfließen zu lassen, ist gerade für Kinder, die schon einen guten Wortschatz haben, eine sinnvolle Erweiterung.
Da sich Wörter immer am besten einprägen, wenn sie mit persönlichen Erfahrungen im Zusammenhang stehen, könnte die Fachkraft – nachdem sie z. B. den Begriff „Wut" mit seinen typischen Merkmalen eingebracht hat – die Frage anschließen: „Wann habt ihr selber schon einmal Wut empfunden? Warum?"
Sprachlich gewandte Kinder haben meist keine Schwierigkeiten, ihre Gefühle zu benennen; sie kennen auch die dazugehörigen Nomen. Mit ihnen kann die Fachkraft Umschreibungen für ein Gefühl sammeln. Die deutsche Sprache hat viele bildreiche Beispiele parat: Angst macht sich durch einen Kloß im Hals, wackelige Knie oder klappernde Zähne bemerkbar. Wut kann dazu führen, dass man in die Luft geht, mit den Zähnen knirscht oder sich die Haare rauft. Und Glück lässt Kribbeln im Bauch oder Freudentränen entstehen.

2 Ein Gefühlsrad bauen

Wörter mit passenden Abbildungen in Verbindung zu bringen, verstärkt die Merkfähigkeit. Die Fachkraft sucht deshalb mit den Kindern gemeinsam für jedes Gefühl ein Symbol. Hier kommen z. B. Fotos mit charakteristischen Gesichtsausdrücken, Illustrationen aus Büchern oder Wettersymbole zum Einsatz. Die Sonne steht dann beispielsweise für „fröhlich", der Regen für „traurig", Wolken für „ängstlich" usw. Auf eine Scheibe geklebt und mit einem Zeiger in der Mitte versehen, bilden die Symbole ein „Gefühlsrad". Ein morgendliches Ritual entsteht, wenn die Kinder beim Ankommen bzw. bei der Begrüßung den Pfeil auf ein Symbol stellen, das auf sie zutrifft. So entsteht bereits ein erster Gesprächsanlass. Das Gefühlsrad kann auch in Konfliktsituationen oder im Morgenkreis ritualisiert verwendet werden. Für sehr zurückhaltende Kinder, Kinder, die noch gar keine Deutschkenntnisse haben, oder Kinder, die einfach nicht sprechen wollen, ist das Gefühlsrad eine gute Möglichkeit, sich nonverbal mitzuteilen.

3 Wochenplan der Gefühle

Smileys und Emoticons sind vielen Kindern auch im Kindergartenalter bereits vertraut. Sie bieten eine große Palette an Gefühlsausdrücken an. Die Fachkraft zeigt die Emojis auf einem Tablet oder druckt sie aus, um ihre Bedeutung mit den Kindern zu besprechen. Sie fertigt mit den Kindern einen Wochenplan an, auf dem jede*r am Ende des Kita-Tages ein oder mehrere Emojis anbringt, um den Tag zusammenzufassen. Jedes Kind darf seine Wahl anschließend begründen. Die Fachkraft kann die Emojis als Aufkleber oder Magnete zur Verfügung stellen, aber natürlich können die Kinder diese auch auf ihren Wochenplan malen. Einerseits ist der Wochenplan ein weiterer Anlass über Gefühle zu sprechen, andererseits ist er auch eine gute Gelegenheit, um letzte Konflikte zu lösen oder Missverständnisse zu klären, damit jedes Kind mit einem guten Gefühl nach Hause gehen kann.

4 Memo-Spiel für Gefühle

Um Gefühle gezielt in kleinen Gruppen zu thematisieren, kann ein selbst gestaltetes Memo-Spiel hilfreich sein. Die Fachkraft druckt die in den vorangehenden Impulsen erwähnten Fotos von Gesichtsausdrücken, Wettersymbolen, Emojis bzw. geeignete Illustrationen aus Bilderbüchern jeweils doppelt aus. Die Rückseiten werden zur Verstärkung mit festem Papier beklebt. Die Fachkraft kann das Memo-Spiel auch variieren: Immer zwei verschiedene Symbole, die dasselbe Gefühl bezeichnen, gehören zusammen. Dann gelten beispielsweise eine Sonne und ein lachender Junge als Paar für „fröhlich" oder „Fröhlichkeit". In Kombination mit „Ampelkärtchen", also z. B. laminierten Pappkarten in Grün und Rot, eignen sich die Memo-Karten gut als gezieltes Material zur Wortschatzförderung im Bereich „Gefühle". Eine Memo-Karte wird aus dem Stapel gezogen, ein Kind benennt das abgebildete Gefühl. Es darf auch absichtlich ein falsches Gefühl nennen. Die anderen Kinder halten nun entweder die grüne Karte hoch, wenn sie der Meinung sind, dass das Gefühl richtig benannt wurde, oder die rote, wenn sie denken, dass das Gefühl anders heißt.

5 Bilderbücher mit Gefühl

Zum Thema Gefühle gibt es zahlreiche Bilderbücher. Tatsächlich ist aber jedes Bilderbuch geeignet, um Gefühle zu benennen und darüber ins Gespräch zu kommen, selbst wenn Gefühle nicht das Hauptthema sind. So erlebt Max in „Wo die wilden Kerle wohnen" geradezu ein Wechselbad der Gefühle, von Wut über die Strafe der Mutter bis hin zu Heimweh während seiner langen fantastischen Reise. Und auch die Maus im „Grüffelo" dürfte einiges zum Thema zu sagen haben … Wenn die Fachkraft gemeinsam mit den Kindern für jede Seite des Buches das Gefühl der Hauptfigur bestimmt, hilft das den Kindern außerdem, die Handlung besser zu verstehen.

6 Gefühle an der Mimik erkennen

Um die mimischen Merkmale bestimmter Gefühle zu thematisieren, klebt die Fachkraft die Gesichter der handelnden Menschen oder Tiere in Bilderbüchern mit einem Papierstreifen ab. Dann liest sie den Text der Geschichte vor. Die Kinder müssen dann ausschließlich mit diesen Informationen entscheiden, wie sich die Person/das Tier fühlt und wie das Gesicht unter dem Papierstreifen wohl aussieht. Strahlt sie/es übers ganze Gesicht? Oder laufen ihr/ihm Tränen darüber? Wenn alle einen Tipp abgegeben haben, gibt die Fachkraft das Gesicht frei und die Kinder gleichen Wort und Bild miteinander ab.

7 Pantomime der Gefühle

Ein Ratespiel mit Gefühlen kann auch so aussehen: Die Kinder stellen ein bestimmtes Gefühl pantomimisch dar, indem sie durch Mimik, Gestik oder Bewegung zeigen, was sie mit diesem Gefühl verbinden. So steht das Aufstampfen mit einem Fuß vermutlich für Wut, das Zeigen der Faust für Ärger und das Vor-sich-hin-Pfeifen für Fröhlichkeit. Daraus können Rollenspiele oder kleine Theaterstücke entstehen. Mimik, Gestik und Bewegung können auch für die Begleitung des Liedes „Wenn du glücklich bist …" verwendet werden:

- „Wenn du wütend bist, dann stampfe mit dem Fuß …"
- „Wenn du böse bist, dann zeige uns die Faust …"
- „Wenn du fröhlich bist, dann pfeife uns ein Lied …"

8 Wo spürst du ein Gefühl?

Wie sich Gefühle im Körper anfühlen und wo genau man sie spürt, kann man sehr gut mit Silhouetten-Bildern deutlich machen. Die Kinder zeichnen – evtl. mit Unterstützung der Fachkraft – ihre Silhouetten auf Stücke einer alten Tapete. Dann fragt die Fachkraft einzelne Kinder:

- „Wo spürst du Glück?"
- „Wo spürst du Wut?"
- „Wo spürst du Enttäuschung?"

Das befragte Kind darf mit Fingerfarbe den Teil des Körpers in einer Farbe seiner Wahl einfärben, wo das Gefühl sitzt. So entstehen spannende Gesprächsthemen: Welche Farbe passt zu welchem Gefühl? Warum? Die Interpretation der fertigen Bilder ist ebenfalls von zahlreichen Gesprächsanlässen geprägt: Wie verhält sich jemand, der seine Wut in den Fäusten spürt? Wie jemand, der die Wut im Bauch verortet? (Angelehnt an eine Idee von Mechthild Dehn.)

9 Farben für Gefühle

Farben mit Gefühlen zu verbinden kann auch die Basis für die Arbeit mit dem Buch „Heute bin ich" von Mies van Hout sein. Das Buch zeigt vor schwarzem Hintergrund bunte Fische, die mimisch verschiedene Gefühle zum Ausdruck bringen. Mit Wachsmalstiften können Kinder die Illustrationstechnik des Buches sehr gut nachahmen. Jedes Kind gestaltet einen eigenen Fisch. Zusammengeheftet entsteht daraus „Heute sind wir" – ein selbst gestaltetes „Buch" der gesamten Kindergruppe. Vervielfältigt stellt es z. B. ein schönes Abschiedsgeschenk für die scheidenden Schulanfänger*innen dar.

10 Gefühle im Raum

Wo Wut, Stolz oder Traurigkeit im Körper ihren Platz haben, lässt sich durch die im Impuls 8 beschriebenen Silhouetten-Bilder herausfinden. Aber auch bei der Raumgestaltung in der Kita dürfen die verschiedenen Gefühle ihren Platz bekommen und immer wieder Sprechanlässe schaffen. So lädt vielleicht ein Boxsack im Turnraum dazu ein, aufkommende Wut loszuwerden. Ein Kind auf dem Trost-Stuhl, das sich traurig fühlt, ist dankbar für eine*n einfühlsame*n Gesprächspartner*in. Leere Rahmen oder freie Haken im Flur warten auf Bilder oder Bastelarbeiten, die den/die jeweilige*n Künstler*in mit Stolz erfüllen.

LESE- & MATERIALTIPPS

- ➔ Brooks, F./Allen, F./Ferrero, M. (2019): Gefühle. So geht es mir! London: Usborne.
- ➔ Dehn, M./Osburg, C./Oomen-Welke, I. (2011): Kinder & Sprache(n). Was Erwachsene wissen sollten. Hannover: Kallmeyer.
- ➔ Franz, M./Vollmert, M. (2012): Raumgestaltung in der Kita. Wohlfühlräume für Kinder von 3 bis 7. München: Don Bosco.
- ➔ Gully, A./Schwendemann, N. (2021): Traurig, wütend oder froh. Denk- und Legespiel zu Gefühlen für Kinder von 3 bis 6. München: Don Bosco.
- ➔ Kulot, D. (2016): Ein kleines Krokodil mit ziemlich viel Gefühl. Stuttgart: Thienemann.
- ➔ Manske, C./Löffel, H. (2018): Ein Dino zeigt Gefühle (2). Fühlen – Empfinden – Wahrnehmen. Köln: mebes & noack. Zu diesem Titel gibt es ein Poster und pädagogisches Begleitmaterial.
- ➔ Schärer, K. (2021): Da sein. Was fühlst du? München: Hanser.
- ➔ Van Hout, M. (2012): Heute bin ich. Zürich: aracari.
- ➔ Von Kitzing, C. (2017): Ich bin jetzt … glücklich, wütend, stark. Hamburg: Carlsen.
- ➔ Wunderer, S. (2014): Warum ist Mama traurig? Frankfurt: Mabuse.

Materialien

- ➔ Die Eingabe der Wörter „GfK", „Gefühle" und „Liste" führen bei der Internetrecherche zu diversen Listen mit Gefühlswörtern.
- ➔ Kreative Beschreibungen von Gefühlen gibt es unter http://wahnsinnsklasse.blogspot.com/2012/05/fit-fur-den-aufsatz-tippkarten.html (letzter Zugriff: 30.9.2021).
- ➔ Die „Bildkarten zur Sprachförderung. Grundwortschatz" aus dem Verlag an der Ruhr gibt es zu vielen verschiedenen Themenbereichen.

ELTERNTIPP:

Mediathek

Passend zum ausgewählten Themenbereich bestücken die Fachkräfte ein Regal mit Büchern, Filmen und Hörspielen, die die Familien ausleihen können.

2 WORTSCHATZAUFBAU IN WORTARTEN AM BEISPIEL VON ADJEKTIVEN

„Die Grenzen meiner Sprache bedeuten die Grenzen meiner Welt“ (Ludwig Wittgenstein). Tatsächlich wird die Wortgruppe der Adjektive im Alltag und bei der Sprachförderung zugunsten von Nomen und Verben oft vernachlässigt. „Edel“, „belebend“, „amourös“, „atemberaubend“, „schnöde“, „abenteuerlustig“, „bemerkenswert“ – diese Wörter haben mindestens zwei Dinge gemeinsam. Zum einen handelt es sich um Adjektive, zum anderen um Wörter, die – zumindest von Kindern – doch eher selten verwendet werden. Doch warum scheinen Adjektive zunächst keine große Rolle zu spielen? Dies liegt daran, dass die umgangssprachlich auch als „Wie-Wörter“ bezeichneten Begriffe für die Kernbotschaft einer Aussage oder Frage meist nicht ganz so wichtig sind. Die Frage „Darf ich in den Garten gehen?“ enthält kein Adjektiv, und an der Antwort würde sich nichts Wesentliches ändern, wenn das Kind fragen würde, ob es in den großen, herbstlichen, schönen oder grünen Garten gehen dürfe. Sind abwechslungsreiche Adjektive am Ende sogar überflüssig, ersetzbar oder entbehrlich? Natürlich nicht, Adjektive sind wichtig. Für das spannendere oder lebhaftere Erzählen, für eine differenzierte, präzise Ausdrucksweise und natürlich auch später für den Schulerfolg, nicht nur im Fach Deutsch. Es ist nicht dasselbe, wenn ein Elefant nur groß oder eben gigantisch ist. Es gibt also viele gute Gründe, sich in der Sprachbildung und Sprachförderung gezielt die Adjektive vorzunehmen – und ebenso viele gute Möglichkeiten, den Aufbau eines detaillierten Wortschatzes an Adjektiven zu unterstützen. Das vorige Kapitel hat exemplarisch gezeigt, wie der Wortschatz um Wörter innerhalb eines bestimmten Wortfeldes erweitert werden kann. Dieses Kapitel hingegen nimmt nun eine Wortart, nämlich die der Adjektive, in den Fokus. Aber natürlich lässt sich mit Nomen, Verben, Präpositionen usw. ähnlich verfahren.

LERNZIELE

- Wortschatzerweiterung in der Wortart der Adjektive
- Adjektive verstehen und verwenden
- gegensätzliche Adjektive im Wortschatz verankern
- mehrere Adjektive einer Skala kennenlernen

FÜR SIE IN DEN BILDUNGSPLAN GESCHAUT

Mecklenburg-Vorpommern: „Kinder erleben Sprache auch als kulturelle Errungenschaft und lernen ihre Reichhaltigkeit und Schönheit kennen. Im Bildungs- und Erziehungsbereich Alltagsintegrierte Sprachbildung und Kommunikation werden die vielfältigen, individuell unterschiedlichen Vorerfahrungen aufgegriffen und bereits erworbene sprachliche Fähigkeiten der Kinder weiterentwickelt und gefördert. Wesentliche Aufgaben dabei sind:

- die Sprechfertigkeit und die Gesprächsfähigkeit zu ermöglichen und zu erweitern,
- die Gesprächsfreude zu erhalten, zu wecken und zu fördern,
- den aktiven und passiven Wortschatz zu erweitern“ (S. 15).

Niedersachsen: „Sprachliche Bildung ist ein kontinuierlicher Prozess, der nie abgeschlossen ist. Er umfasst sowohl das Sprachverständnis als auch die Sprechfähigkeit. Daher ist es das wichtigste Ziel, bei den Kindern die Freude am Sprechen zu wecken bzw. zu erhalten. Das schließt die Motivation zur Erweiterung der sprachlichen Möglichkeiten – den aktiven und passiven Wortschatz zu vergrößern oder die Aussprache und den Satzbau zu verbessern – ein" (S. 20).

Baden-Württemberg: „Nicht nur die Sprache enthält Regeln, sondern auch die Welt: Wenn die Sonne scheint, wird es warm; Honig ist süß und wenn zwei Gegenstände zusammenstoßen, macht das Krach usw. All dies lernt ein Kind in der Auseinandersetzung mit der Welt. Im Gehirn bleiben Spuren dieser Auseinandersetzungen, die jedes Kleinkind nicht nur passiv erlebt, sondern vor allem aktiv sucht" (Teil A, 1.3).

IMPULSE

1 Adjektive nutzen – Vorbild sein

Die einfachste und naheliegendste Möglichkeit, Kindern Adjektive zu vermitteln, besteht darin, den eigenen Gebrauch dieser Wörter zu hinterfragen und dann bewusst zu verstärken. Denn – Hand aufs Herz – wie viele Adjektive benutzen erwachsene Menschen im Allgemeinen und pädagogische Fachkräfte als Sprachvorbilder im Besonderen im Alltag? Es beschränkt sich vermutlich auf eine überschaubare Auswahl. Wer sich allerdings bewusst vornimmt, die Beschreibung von Dingen, Personen und Tätigkeiten mit Adjektiven zu ergänzen, findet im Internet hilfreiche Seiten, die zur eigenen Anregung Wortlisten zum Herunterladen anbieten. Selbstverständlich eignet sich auch ein Lexikon oder ein Synonym-Wörterbuch.

2 Mahlzeiten wortreich beschreiben

Adjektive lassen sich besonders gut während der Mahlzeiten einführen. Zunächst kann das individuelle Geschmackserlebnis benannt werden: Schmeckt es lecker oder gar köstlich? Oder eher fad und eintönig? Auch die Gerüche einer Mahlzeit (verlockend, aromatisch, angebrannt), die Art ihrer Zubereitung (gekocht, gebraten, eingelegt) und die Farben der Nahrung, etwa leuchtend grün (Brokkoli), mattgelb (Vanillepudding), weißlich (Joghurt), lassen sich beschreiben. Viele Speisen bieten zudem einen Gesprächsanlass über die Temperatur: Eis wird kalt serviert, Pudding möglicherweise warm und Suppe (zu) heiß? Und wie steht es um die Qualität der Nahrungsmittel? Sind sie frisch, gesund oder noch nicht ganz reif? Zum Ende des Essens können die Kinder das eigene Gefühl beschreiben: Wer ist (papp)satt, zufrieden, wer noch hungrig? Aus Werbeprospekten ausgeschnittene Bilder von Lebensmitteln oder Fotos bieten Material für Zuordnungsspiele:

- „Was schmeckt süß/sauer/bitter?"
- „Was wächst am Baum/auf einem Feld/unter der Erde?"

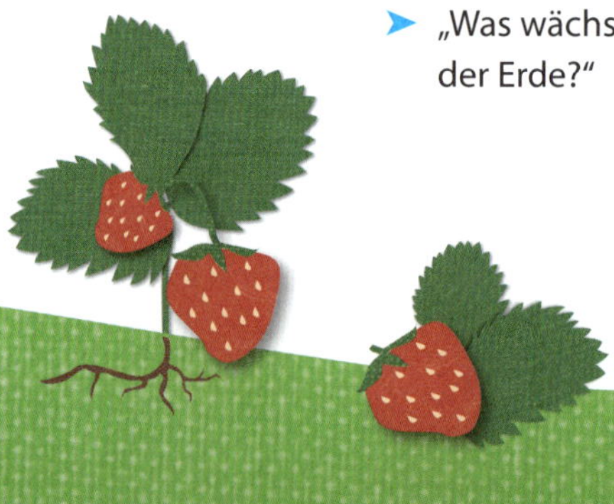

3 Gegensatzpaare kennenlernen

Die meisten Kinder haben irgendwann ein gewisses Repertoire an Adjektiven, die sie für den Alltag brauchen, vorrätig. „Klein“ und „groß“, „laut“ und „leise“, „dick“ und „dünn“, „nass“ und „trocken“ – diese im Alltag oft genutzten Adjektive erwerben Kinder schnell und verwenden sie korrekt. Nicht immer jedoch werden beide Adjektive eines solchen Gegensatzpaares gleichermaßen häufig verwendet, und so passiert es leider, dass Kinder nur einen der beiden Begriffe kennen. Jedes Kind benutzt z. B. regelmäßig das Wort „schön“, wohingegen die gegenteilige Ergänzung „hässlich“ im Lexikon vieler Kinder fehlt. Sie greifen dann auf die Methode zurück, das bekannte Wort zu verneinen, und sagen: „Das ist nicht schön“ oder „Das ist unschön“. Hier kann die pädagogische Fachkraft reagieren und das Wort „hässlich“ einbringen, indem sie die kindliche Aussage aufgreift und erweitert: „Ja, das ist wirklich nicht schön, die Flecken auf dem Teppich sind hässlich.“

4 Skalen bilden

Neben Gegensatzpaaren wie „schwarz und weiß“ oder „richtig und falsch“ beschreiben Adjektive nicht nur die Enden einer Skala. So gibt es auch Abstufungen: Unter „dick und dünn“ fallen auch „dürr“, „schlank“, „vollschlank“, „mager“, „hager“, „stark“, „zierlich“, „breit“, „umfangreich“, „kräftig“, „drall“ … Für das Gegensatzpaar „nass und trocken“ ließe sich z. B. als weiteren skalaren Begriff „feucht“ einführen. Dies kann die Fachkraft gut an Lappen oder an Küchenrolle verdeutlichen. Sie reicht den Kindern ein nasses, ein feuchtes und ein trockenes Blatt Küchenrolle. Die Kinder erfühlen und benennen den Grad der Feuchtigkeit und dürfen selbst ein Tuch feucht oder nass machen.

5 Skalen darstellen

Das Darstellen von Skalen funktioniert besonders gut, wenn sich die Kinder selbst in eine Reihe oder in Gruppen aufstellen, geordnet z. B. nach

- der Abstufung der Haarfarben („hellblond“, „honigblond“, „kastanienbraun“, „blauschwarz“, „tiefschwarz“),
- der Farbe der Kleidung. Tragen mehrere Kinder einen rötlichen Pullover, kann man überlegen, wie sich das Rot unterscheidet („weinrot“, „burgunderrot“, „magenta“, „fuchsrot“, „korallenrot“),
- der Körpergröße.

Als Hilfsmittel eignen sich je nach Wortfeld z. B. eine Farbskala, ein Metermaß, eine Waage oder eine Lupe. Der Einsatz dieser Gegenstände zur Bestimmung der richtigen Adjektive erhöht meist noch den Spaßfaktor.

Dieser Impuls lädt auch dazu ein, die Steigerungsformen der Adjektive zu bilden, wie z. B. „groß – größer – am größten“ oder „alt – älter – am ältesten“. Die erste Stufe der Steigerung nennt man Komparativ (vom lateinischen Wort „comparare“, deutsch: „vergleichen“), denn das Adjektiv wird in dieser Steigerungsform zum Vergleich herangezogen. Die Fachkraft fragt: „Welches Kind ist größer?“, „Welches ist älter?“. Die zweite und höchste Steigerungsform heißt Superlativ und gibt den höchsten Grad einer Eigenschaft an. Die Fachkraft fragt: „Welches Kind ist am größten?“, „Welches ist am ältesten?“

6 Bilderbuchbetrachtung: Wimmelbücher

Während einer Bilderbuchbetrachtung kann die Fachkraft besonders gut Adjektive einführen. Sie regt mithilfe eines Wimmelbuches ein Suchspiel an und fordert die Kinder auf, bestimmte Dinge oder Personen zu finden. Die Aufträge lauten dann: „Sucht doch mal …

- das rote Auto!"
- den großen Hund!"
- das kleine Mädchen mit der bunten Mütze!"

Die Fachkraft kann den Schwierigkeitsgrad durch die Wahl der Adjektive gut variieren. Eine blasse Frau ist sicher schwerer zu finden als der rothaarige Junge.

ELTERNTIPP:

Adjektivreiche Beschreibungen

Die Fachkraft bittet die Eltern, zum Elternabend jeweils eine kurze äußerliche und charakterliche Beschreibung ihres Kindes anzufertigen und ein Foto mitzubringen. Sie legt die Fotos anonym auf einem Tisch oder im Stuhlkreis auf dem Boden aus. Nun tragen jeweils Mutter oder Vater die Beschreibung vor, während die anderen Eltern versuchen, das Foto des dazugehörigen Kindes zuzuordnen. Damit es gerecht zugeht, sollte die Fachkraft im Vorfeld auch die Kinder bitten, jeweils ihre Eltern zu beschreiben. Am Elternabend vorgelesen, sorgen die Personenbeschreibungen sicherlich für Stimmung. Spaßig ist es auch, die Kinder, die schon länger in der Einrichtung sind, aufzufordern, ihre Erzieher*innen zu beschreiben, und diese Beschreibungen beim Elternabend zur Vorstellung des Teams zu verwenden.

7 Gegenstände erraten

Eine weitere gezielte Möglichkeit, Adjektive einzuführen, bietet sich der Fachkraft, wenn sie im Sitzkreis verschiedene Gegenstände auslegt und diese dann mit möglichst vielen Adjektiven beschreibt. Sie sagt also: „Ich suche etwas, das gemütlich, weich und kuschelig ist." Das Kind, das nun zuerst auf das Kissen zeigt oder sich dieses nimmt, hat gewonnen. Alternativ: Sind die Kinder schon sprachgewandt und haben ein breiteres Repertoire an Adjektiven, können auch sie die Gegenstände beschreiben.

8 Memo-Spiel der Gegensätze

Um mit Kindern das Finden von Gegensatzpaaren zu üben, eignen sich Gegensatz-Memos, die von verschiedenen Verlagen angeboten werden. Als Paar gelten hier nicht Karten mit identischen, sondern gegensätzlichen Motiven. Auf der einen Karte sieht man z. B. einen Hund mit nassem, auf der anderen einen Hund mit trockenem Fell. Die Memo-Karten können auch verwendet werden, um ein Ratespiel zu veranstalten. Die Fachkraft legt eine Memo-Karte, das passende Gegenteil und einige weitere, unpassende Karten aus. Die Kinder dürfen dann das einzige richtige Gegensatzbild heraussuchen und benennen.

9 „Ich sehe was, was du nicht siehst" mit Adjektiven

Um den Gebrauch von Adjektiven zu üben, eignet sich das bekannte Spiel „Ich sehe was, was du nicht siehst", wenn man nicht nur Farbwörter verwendet. Zur Beschreibung des gesuchten Gegenstands müssen die Kinder auf jeden Fall Adjektive verwenden und diese auch verstehen: „Ich sehe was, was du nicht siehst, und das ist wackelig, klebrig, schwer usw."

10 Bilderbuchbetrachtung: Adjektive ergänzen

Das Bilderbuch „Meine Wortschatz-Wunderkiste" vereint Wimmelbuch mit Wörterbuch und bietet einen ganzen Schatz an Adjektiven. Gemeinsam darin zu schmökern hat garantiert das Erlernen neuer Wörter zur Folge. Aber natürlich kann die Fachkraft auch einfach Bilderbücher und Geschichten um selbst hinzugefügte Adjektive erweitern. Spannend wird es, wenn sie diese bei jedem Vorlesen variiert. Wem fällt auf, dass die Raupe Nimmersatt einmal „klein" und ein anderes Mal „zierlich" ist?! Wer protestiert, wenn aus dem kleinen Maulwurf plötzlich der „dicke" oder der „müde" Maulwurf wird?

LESE- & MATERIALTIPPS

- Carle, E. (2019): Die kleine Raupe Nimmersatt. Jubiläumsausgabe. Hildesheim: Gerstenberg.
- Duden (2020): Das Wörterbuch der Synonyme. Berlin: Bibliographisches Institut.
- Holzwarth, W./Erlbruch, W. (1997): Vom kleinen Maulwurf, der wissen wollte, wer ihm auf dem Kopf gemacht hat. Wuppertal: Peter Hammer.
- Hore, R./Saunders, R. (2017): Meine Wortschatz-Wunderkiste. Regensburg: Usborne.
- Scheffler, A./Donaldson, J. (2012): Mein erster Grüffelo – Gegensätze. Weinheim: Beltz & Gelberg.
- Weber, S./Schulte, T. (2017): Das Klapp-Guck-Buch. Die Gegensätze. Frankfurt a. M.: Fischer Duden Kinderbuch.
- Redaktionsteam Verlag an der Ruhr (2018): Bildkarten zur Sprachförderung. Adjektive: Steigerungen. Mülheim: Verlag an der Ruhr.
- Redaktionsteam Verlag an der Ruhr (2019): Bildkarten zur Sprachförderung. Adjektive: Gegensatzpaare. Mülheim: Verlag an der Ruhr.

Materialien

- Lupe (beleuchtet)
- Farbskala
- Metermaß
- Waage

3 GRAMMATISCHES VERSTÄNDNIS AM BEISPIEL VON PRÄPOSITIONEN

„In meinem Heim, da wohnt ein Schwein. Bis in den ersten Stock riecht man den Bock. Hinter der Rinne sitzt eine Spinne. Vor meiner Tür wartet ein Stier. Auf meinen Schuh tritt eine Kuh. Unter dem Klo wohnt ein halber Zoo – das macht mich froh!" (Mike Salomon). Präpositionen wie „auf", „unter", „bis", „ab", „in", „für" usw. haben in der deutschen Sprache vielfältige Aufgaben. Sie helfen dabei,

- einen Platz (die Teller stehen auf dem Tisch),
- einen Zeitraum (von morgens bis mittags) oder
- Beziehungen (die Blumen sind für dich)

zu beschreiben.

Die Präposition an sich ist unveränderlich, wechselt also nicht ihre Gestalt wie ein Verb, das gebeugt wird („ich esse", „du isst", „er/sie/es isst" …). Allerdings kann die Präposition verschiedene Fälle nach sich ziehen. Ein Beispiel ist das Wörtchen „in": Mal zieht es den Dativ nach sich („Der Ball liegt in dem Brunnen"), mal den Akkusativ („Der Ball fällt in den Brunnen"). „In" ist daher eine sogenannte Wechselpräposition. Wie dieses Beispiel zeigt, ist die korrekte Verwendung dieser vermeintlich kleinen Wörtchen gar nicht so einfach. Daher lassen viele Kinder die Präpositionen in der Umgangssprache einfach weg. Wer kennt nicht Sätze wie „Ich geh Turnraum" oder Präpositionen, die konsequent falsch gesprochen werden wie „Ich gehe zu Hause"? Manchmal ist der Grund für solcherlei Schwierigkeiten mit den Präpositionen auch die Struktur der nicht-deutschen Erstsprache des Kindes: Nicht alle Sprachen nutzen für die Beschreibung von Beziehungen explizit eigene Wörter. Manche verwenden dafür z. B. Endungen am Nomen. Sollte der Gebrauch von Präpositionen Kindern Schwierigkeiten machen, können die Fachkräfte dies im Elterngespräch ansprechen. Vielleicht können dann auch die Eltern Auskunft darüber geben, wie es sich mit den Präpositionen in ihrer Muttersprache verhält. Darüber hinaus gibt es Bücher, die über die strukturellen Unterschiede verschiedener Sprachen Aufschluss geben.

Zum Glück gibt es viele Möglichkeiten, wie Fachkräfte gerade das Erlernen der perspektivischen bzw. räumlichen Präpositionen im pädagogischen Alltag unterstützen können. Im Übrigen bahnen Fachkräfte hier nicht nur den korrekten Gebrauch einer weiteren Wortart an. Sie erweitern auch die Sprache der Kinder um einen grammatischen Aspekt.

LERNZIELE

- Präpositionen verstehen und sprechen
- Präpositionen in einen ganzen Satz integrieren
- Wechselpräpositionen korrekt (mit dem richtigen Fall) benutzen

FÜR SIE IN DEN BILDUNGSPLAN GESCHAUT

Mecklenburg-Vorpommern: „Es bestehen in der Sprachentwicklung Unterschiede hinsichtlich des Wortschatzes, des Satzbaus, des Gebrauchs von Konjunktionen, Präpositionen und Pronomen. Sowohl die Wortschatzerweiterung und die genauere Bestimmung der Bedeutung der Wörter als auch die klare, lautreine und verständliche Sprechweise tragen dazu bei, dass Kinder ihre Gedanken angemessen ausdrücken können. Der Wortschatz wächst weiter an und ermöglicht einen differenzierten Ausdruck. Abstrakte Begriffe werden zunehmend sicher gehandhabt. Die Bildung schwieriger Satzkonstruktionen und komplexer Sätze nimmt zu" (S. 18).

Niedersachsen: „Kinder, die Deutsch von Geburt an lernen, können in der Regel im Alter 18 Monaten in Einwortsätzen kommunizieren. Mit zwei Jahren beginnen sie Wörter zu kombinieren. Mit etwa drei Jahren sprechen Kinder grammatikalisch vollständige Sätze und beherrschen unterschiedliche Satztypen wie Negationen und Fragesätze. Mit vier Jahren können die meisten Kinder Satzstrukturen mit Nebensätzen produzieren. Der Wortschatz eines Kindes hängt davon ab, mit welchen Themen es sich beschäftigt. Er kann in Erst- und Zweitsprache ein unterschiedliches Niveau haben" (S. 19).

Hamburg: „Sachkompetenzen […]
• Sprachliche Äußerungen wahrnehmen, verstehen und wiedergeben
• Vielfältigen und grammatikalisch angemessenen Wortschatz entwickeln
• Deutlich, in ganzen Sätzen sprechen" (S. 74).

Nordrhein-Westfalen: „Materialien/Settings als Denkanstöße: […]
• Bewegungsräume nutzen, um die Bedeutung von Begriffen am eigenen Leib zu erfahren (z. B. Präpositionen wie ‚auf' oder ‚unter', Adjektive wie ‚schnell' oder ‚langsam', Verben wie ‚schleichen' oder ‚stampfen')" (S. 96).

IMPULSE

1 Präpositionen in der Alltagssprache

Im Alltag ergeben sich für pädagogische Fachkräfte zahlreiche Möglichkeiten, Präpositionen zu verwenden bzw. Kinder durch das eigene Sprechverhalten dazu anzuregen. Die W-Fragen sind dabei wichtige Helfer.

- „Wo stehen die Schuhe?" – „Unter der Garderobe."
- „Wohin kommen die Teller"? – „In den Küchenschrank."

Zur Beantwortung dieser Fragen benötigen wir die verschiedensten Präpositionen. Verwenden die Kinder ein unpassendes Wort, gibt die Fachkraft ein sogenanntes korrektives Feedback, in dem sie den Satz korrekt wiederholt. Oder sie zeigt auf humorvolle Art und Weise, wie der Gebrauch einer falschen Präposition die Bedeutung eines Satzes verändert, indem sie die Teller tatsächlich auf den Schrank stellt, obwohl sie eigentlich in den Schrank gehören. Natürlich darf kein Kind dadurch beschämt werden. Antworten die Kinder auf die Frage nur mit einem Ein-Wort-Satz, z. B. „Wohin kommen die Teller?" – „Tisch", dann vervollständigt die Fachkraft: „Ja genau, die Teller kommen auf den Tisch." Auch bei Kindern, deren Sprachkenntnisse bereits für einen ganzen Satz als Antwort ausreichen würden, die aber „sprechunfreudig" sind, lässt sich mit Humor arbeiten: Nach der Ein-Wort-Antwort „Tisch" stellt die Fachkraft den Teller einfach unter diesen und fragt, nachdem Protest und Gelächter wieder abgeebbt sind, was sie denn falsch gemacht habe.

2 „Versteckte" Präpositionen

Oft genügen kleine Regeländerungen, um den Gebrauch von Präpositionen im Alltag anzuregen, z. B. beim Versteckspielen. Es genügt nun nicht mehr, jemanden nur zu finden und seinen Namen zu sagen. Vielmehr muss das suchende Kind auch erklären, wo es die anderen Kinder gefunden hat: „Timo war unter dem Tisch" oder „Silas sitzt hinter dem Sessel". Eine solche neue Regel regt gleichzeitig die Verwendung ganzer Sätze und den

Gebrauch von Verben an. Variationen des Spiels sind möglich: Ein Kind wartet vor der Tür, während ein weiteres den übrigen Anweisungen gibt, wo sie sich verstecken sollen. So üben die Kinder zum einen den Gebrauch von Präpositionen, indem sie Verstecke nennen. Zum anderen lernen sie, die Bedeutung einzelner Präpositionen besser zu verstehen, indem sie die Anweisungen befolgen. Das Kind, das draußen gewartet hat, darf nun suchen – und die Verstecke natürlich wieder benennen.

3 Kann das wirklich sein?

Versteckte Gegenstände eignen sich besonders gut, um deutlich zu machen, dass manche Präpositionen in Kombination mit gewissen Gegenständen nicht funktionieren. Eine kleine Murmel hinter einer Kugel aus Knete zu verstecken, ist kein Problem. Auch eine Murmel in einer Kugel aus Knete zu verstecken, ist aufgrund der Verformbarkeit des Materials möglich. Die Murmel hinter einem Stein zu verstecken geht auch, aber eben nicht in einem Stein!

4 Präpositionen anwenden und umsetzen

Will die Fachkraft Situationen zur gezielten Förderung der Präpositionen schaffen, bieten sich Tierfiguren an. Zwei Kinder setzen sich Rücken an Rücken auf den Boden. Jedes bekommt sowohl die gleiche Anzahl als auch die gleiche Auswahl an Tieren, z. B. eine Kuh, einen Hund und einen Vogel. Ein Kind erhält die Aufgabe, seine Tiere aufeinander- oder hintereinanderzustellen und dann dem zweiten Kind zu beschreiben, wie genau die Tiere stehen. Das gelingt nur, wenn das Kind Präpositionen verwendet wie z. B. in: „Der Hund steht auf der Kuh" und „Der Vogel sitzt unter der Kuh". Das zweite Kind versucht nun, seine Tiere identisch zu positionieren. Um dies zu leisten, muss es die Präpositionen verstanden haben und umsetzen können. Der Schwierigkeitsgrad des Spiels variiert je nach Anzahl der Tiere. Um auch Adjektive (s. Kapitel 2) oder Farbwörter einfließen zu lassen, kann die Fachkraft z. B. einen kleinen und einen großen oder einen hellen und einen dunklen Hund auswählen. Jetzt muss das eine Kind unbedingt ein entsprechendes Adjektiv nennen und das andere Kind dies verstehen, z. B.: „Der schwarze Hund steht hinter dem weißen Hund." Sind alle Anweisungen ausgeführt, vergleichen die Kinder die Position ihrer Tiere: Ist auf beiden Seiten dasselbe Bild entstanden? Wo sind Unterschiede? Noch schwieriger wird das Spiel, wenn statt Tierfiguren Bauklötze in unterschiedlichen Formen und Farben verwendet werden.

ELTERNTIPP:

Wimmelposter

Hängen Sie neben ein großes Wimmelposter ein wöchentlich wechselndes Schild mit einer Präposition, z. B. „in", in den Eingangsbereich. Eltern und Kinder können nun gemeinsam beim Kommen oder Gehen auf dem Wimmelbild nach einer Situation suchen, in der das Wort „in" vorkommt, z. B.: „Der Junge steht im Garten" oder „Das Fahrrad steht in der Garage".

5 Durch Bewegung zur Präposition

Auch Bewegungsspiele sind eine gute Möglichkeit, Präpositionen gezielt einzuführen. Die Fachkraft spannt im Turnraum oder im Garten ein Seil und fordert die Kinder abwechselnd auf, den Mitspieler*innen Instruktionen zu geben wie z. B.:

- „Hüpft über das Seil!"
- „Kriecht unter dem Seil durch!"
- „Balanciert auf dem Seil!"
- „Bleibt neben dem Seil stehen!"

6 Mit Bildkarten spielen

Spezielle Bildkarten, entwickelt und gestaltet, um mit Präpositionen vertraut zu werden, sind eine weitere gute Möglichkeit zur Förderung. Eine Spielvariante sieht vor, die Unterschiede auf zwei sehr ähnlich illustrierten Karten zu benennen. Dazu müssen die Kinder Wörter wie „auf", „vor", „in", „unter" usw. verwenden, etwa: „Hier sitzt die Prinzessin auf dem Brunnen, dort steht sie vor dem Brunnen." Die Bildkarten lassen sich auch zum Erzählen einer Geschichte verwenden. Hierbei kann sowohl die Fachkraft als auch das erzählende Kind die Präpositionen in die Handlung einbauen. Kindern, deren aktive Sprachkompetenz erst wenig ausgeprägt ist, können die Karten zunächst einmal zur Stärkung ihres Sprachverständnisses verhelfen. Zum Beispiel, indem die Fachkraft das Kind auffordert, den Ball unter der Wippe zu suchen und darauf zu zeigen. Verwendet sie die Bildkarten mit mehreren Kindern, entsteht evtl. auch ein schnelles Spiel daraus: Wer findet zuerst das Bild, auf dem der Hund in seinem Körbchen liegt?

7 Bildkarten selbst herstellen

Die pädagogische Fachkraft kann Bildkarten zur Versprachlichung der Präpositionen zusammen mit den Kindern leicht selbst herstellen. Ein Fahrzeug, Kuscheltier o. Ä. wird an verschiedenen Plätzen fotografiert, also in einer Kiste, unter einem Kissen, auf einem Stuhl usw. Ausgedruckt und laminiert werden die Fotos dann von den Kindern je nach Präposition in verschiedene Kästen bzw. Behältnisse einsortiert.

8 Löffelspiel

Die Fachkraft verteilt an alle Kinder jeweils einen Esslöffel und einen kleinen Ball. Sie gibt den Kindern Aufträge, die diese ausführen sollen, während sie den Löffel mit dem daraufliegenden Ball in der Hand halten. Diese Aufträge beinhalten möglichst viele Präpositionen:

- „Setzt euch auf den Boden und haltet den Löffel hinter euch!"
- „Dreht euch im Kreis und haltet den Löffel über euch!"

Ziel ist, diese Bewegungen so auszuführen, dass der Ball nicht vom Löffel fällt. Ganz nebenbei lernen die Kinder natürlich, die Präpositionen zu verstehen und umzusetzen. Das Kind, dessen Ball zuerst herunterfällt, darf sich die nächste Aufgabe überlegen – und dafür Präpositionen aktiv verwenden.

9 Bilderbuchbetrachtungen

Natürlich lässt sich auch die Bilderbuchbetrachtung sehr gut für das Erwerben von Präpositionen einsetzen. Besonders gut geeignet ist ein Wimmelbuch, auf dem nicht nur zahlreiche Gegenstände, sondern eben auch viele Personen und vor allem Handlungen zu sehen sind. Mithilfe eines aus Pappe ausgeschnittenen Rahmens, den sie auf eine Buchseite legt, nimmt die Fachkraft eine konkrete Situation in den Fokus und stellt dazu Fragen. Hier kann sie auch gut an den sogenannten Wechselpräpositionen arbeiten. Das sind Präpositionen, die einmal den Dativ, einmal den Akkusativ nach sich ziehen:
„Wo liegt der Ball?" – „In der Pfütze" (Dativ).
„Wohin rollt der Ball?" – „In die Pfütze" (Akkusativ).
Gut geeignet ist das Buch „Hier wird gebaut!" von Doro Göbel und Peter Knorr. Es zeigt mehrere Baustellen-Szenarien, bei deren Beschreibung Wechselpräpositionen verwendet werden müssen. Ob die Kinder die Anwendung von Präpositionen wirklich verstanden haben, lässt sich gut durch Bilderbücher einschätzen, die eine verkehrte bzw. fehlerhafte Welt zeigen. Schwimmt ein Fisch wirklich in einem Kühlschrank? Und ein Auto unter Wasser? Hier zeigt sich, ob Kinder Präpositionen in einem bisher nicht bekannten Kontext verwenden können. „Da stimmt doch was nicht!" von Ralf Butschkow ist ein geeignetes Beispiel.

10 Präpositionen heraushören

Für diese Idee benötigt die Fachkraft lediglich einen Text, z. B. aus einem Vorlesebuch; Abbildungen sind nicht erforderlich. Jedes Kind erhält die Möglichkeit, ein akustisches Signal zu geben, etwa durch das Läuten eines Glöckchens. Sollte dies zu viel Unruhe erzeugen, funktioniert auch ein visuelles Signal wie das Heben der Hand. Bevor die Fachkraft mit dem Vorlesen beginnt, vereinbart sie mit den Kindern, auf eine ganz bestimmte Präposition zu achten. Jedes Mal, wenn sie diese hören, lösen sie das akustische bzw. visuelle Signal aus. Noch schwieriger wird es, wenn im Vorfeld zwei Wörter, die es herauszuhören gilt, festgelegt werden, für die es auch noch ein jeweils unterschiedliches Signal gibt, z. B. für „in" das Glöckchen und für „unter" das Heben der Hand.

LESE- & MATERIALTIPPS

→ Butschkow, R. (2011): Da stimmt doch was nicht! Ein Suchspaß-Wimmelbuch. Frankfurt a. M.: Baumhaus.
→ Göbel, D./Knorr, P. (2019): Hier wird gebaut! Eine Wimmelbilder-Geschichte. Weinheim: Beltz & Gelberg.
→ Göbel, D./Knorr, P. (2015): Unser Zuhause! Eine Wimmelbilder-Geschichte. Weinheim: Beltz & Gelberg.
→ Krifka, M. et al. (2014): Das mehrsprachige Klassenzimmer. Über die Sprachen unserer Schüler. Berlin: Springer.
→ Redaktionsteam Verlag an der Ruhr (2019): Bildkarten zur Sprachförderung. Erste Präpositionen. Mülheim: Verlag an der Ruhr.
→ Redaktionsteam Verlag an der Ruhr (2018): Bildkarten zur Sprachförderung. Präpositionen – über, unter, auf, vor … Mülheim: Verlag an der Ruhr.
→ Thamm, A. (2021). Rolf und sein Karton. Vastorf: Little Tiger.

Spiele
→ „Find Monty!", Beleduc
→ „Make 'n' Break", Ravensburger
→ „Schau mal! Was ist anders?", Amigo

4 GRAMMATISCHES VERSTÄNDNIS AM BEISPIEL VON SATZBAU

„Das Leben ist zu kurz, um Deutsch zu lernen" – diese Worte sprach oder schrieb der irische Autor Oscar Wilde vermutlich im Hinblick auf die deutsche Grammatik: Diese ist komplex, nicht immer logisch und voller Ausnahmen von den zahlreichen Regeln.

Grammatik zu erlernen ist im Übrigen keinesfalls ein Entwicklungsschritt, der erst im Schulkindalter stattfindet. Schon bei den ersten Zweiwortäußerungen lassen Kinder ein Verständnis von Grammatik, speziell von der richtigen Wortstellung im Satz, erkennen. Sie kombinieren in der Regel Nomen und Verb in ebendieser Reihenfolge: „Ball haben", „Nane essen". Es ist kein Zufall, dass Kinder in diesen frühen Äußerungen das Verb hinten bzw. als zweites Wort setzen (sogenannte Verbzweitstellung). Die deutsche Sprache erfordert diese Wortstellung im Hauptsatz, und das haben Kinder im Alter zwischen ca. 18 und 24 Monaten längst mühelos begriffen.

Fehler in der Grammatik sind in vielen Fällen entwicklungsbedingt, denn natürlich müssen Kinder die vielen Grammatikregeln erst nach und nach erwerben. Bei einsprachig (Deutsch als Erstsprache) aufwachsenden Kindern gelten massive Schwierigkeiten in Satzbau, Pluralbildung oder Artikelfindung erst ab einem Alter von ca. 4 bis 5 Jahren als auffällig. Natürlich gibt es auch Kinder, die Grammatik nicht ganz so nebenbei und problemlos erwerben. Zum Beispiel, weil Deutsch nicht ihre Erstsprache ist und sie am Anfang des Deutscherwerbs noch die Muster aus der Erstsprache auf das Deutsche übertragen. Oder weil der Erwerb von Grammatik aus anderen Gründen wie etwa Hörproblemen oder schlicht Veranlagung generell schwerfällt. Für diese – genau wie für alle anderen Kinder – ist der Input von Sätzen mit korrekter Grammatik wichtig. Manchmal wird auch eine gezielte Förderung unerlässlich.

LERNZIELE

- die korrekte Verbstellung im Satz erkennen, verinnerlichen und anwenden können
- Aussagesätze und Fragesätze bilden können
- Nebensätze mit „weil" einleiten können
- Wenn-dann-Sätze verstehen und sprechen können

FÜR SIE IN DEN BILDUNGSPLAN GESCHAUT

Hessen: „Im Spiel, in Geschichten und Bilderbüchern sowie in den Arbeiten und Unterhaltungen der Kinder finden sich vielfältige Anlässe und Fragestellungen, die gemeinsam erörtert werden können. Geeignete Themen sind für Kinder vor allem die Dinge, für die sie sich momentan interessieren" (S. 91).

Mecklenburg-Vorpommern: „Sprachverständnis und Sprachproduktion verlaufen im engen Zusammenhang mit anderen Entwicklungsbereichen. Die Kinder lernen zunehmend, ihre Gedanken mehr oder weniger in flüssige Sprache umzusetzen und die Regeln der Grammatik einzuhalten. Mit Hilfe der Sprache kann sich das Kind neues Wissen über die Lebensumwelt aneignen" (S. 17, Kapitel 2, Bildungs- und Erziehungsbereiche).

Bremen: „Mit dem Spracherwerb lernen Kinder Handlungen mit Worten zu bezeichnen (Wortschatz), dann auch die Regeln, nach denen Wörter verknüpft werden (Grammatik). Dabei ahmen sie nicht einfach die Erwachsenen nach, sondern eignen sich Sprache aktiv und selbstständig an, indem sie aus dem Gehörten sprachliche Regeln ableiten und anwenden. (Das zeigt sich an den aus Kindersicht logischen Ableitungen wie: ‚Er gingte'). Sie erweitern ihren Sprachgebrauch, indem sie ihn mit dem der Erwachsenen oder (älteren) Kinder vergleichen und die Regeln entsprechend korrigieren. Sprache wird in Selbstbildung gelernt" (S. 20).

IMPULSE

1 Bilderbuchbetrachtung: „Wollen wir Freunde sein?"

Die einfachste Möglichkeit, Kindern im Alltag zu einer richtigen Satzstellung zu verhelfen, ist der Input nach den Regeln der deutschen Grammatik. Leider ist die gesprochene Sprache bzw. die Alltags- oder Umgangssprache durch Auslassungen und durchaus auch fehlerhafte bzw. vereinfachte Grammatik geprägt. Anders dagegen die Schriftsprache. Diese ist für gewöhnlich korrekt und bietet den Kindern auch Konstruktionen an, die in der Alltagssprache kaum oder gar nicht vorkommen. Je nach Alter und Sprachstand des Kindes eignen sich daher ganz unterschiedliche Bücher zur Unterstützung bei der Satzbildung. Für Kinder, die noch am Anfang des Sprach- oder Deutscherwerbs stehen, sind Bücher mit vielen quasi identischen Sätzen gut geeignet wie z. B. im Buch „Die kleine Maus sucht einen Freund" von Eric Carle. Genau elf Mal fragt die Maus: „Wollen wir Freunde sein?" Das führt dazu, dass die Kinder den Satz irgendwann auswendig wissen und mitsprechen können. Genau dieses Auswendiglernen ist das Ziel. Wer fragen kann: „Wollen wir Freunde sein?", der kann auch fragen: „Wollen wir Kekse essen?" Denn das Satzschema und die Wortstellung sind in beiden Fragen gleich; der auswendig gelernte Satz fungiert als Beispiel für weitere Sätze.

2 Satzstrukturen in Kreisspielen erkennen

Kreisspiele wie „Bello, Bello, dein Knochen ist weg", „Mein rechter, rechter Platz ist leer" oder „Ich packe meinen Koffer …" funktionieren durch vielfaches, spielerisches Wiederholen des immer gleichen Satzes. Die Kinder können sich daher die Struktur gut einprägen. In Kombination mit Bewegungen bleiben die Sätze noch besser im Kopf haften. Das Sprechen der Sätze im Chor, wie es bei den Kreisspielen möglich bzw. üblich ist, vermittelt zurückhaltenden Kindern zusätzlich Sicherheit.

ELTERNTIPP:

Foto-Bildkarten zum Spaßhaben

Basteln Sie mit den Kindern Bildkarten für Subjekte, Prädikate und Objekte mit Fotos der Eltern, Geschwister, Freund*innen, anderer Bezugspersonen oder der Haustiere des Kindes. Die Kinder dürfen die Karten in einer selbst gestalteten Schachtel mit nach Hause nehmen. Wichtig ist, die Verben möglichst lustig zu gestalten, damit daraus witzige oder abwegige Sätze entstehen (s. Impuls 6). Zu Hause spielt die ganze Familie das Satzbau-Spiel gemeinsam – vielleicht sogar in einer anderen Sprache?

3 Mit Liedern zur richtigen Verbstellung

Lieder und Fingerspiele sind bestens geeignet, um Satzmuster einzuüben. Viele Kinderlieder arbeiten mit häufigen Wiederholungen, die gesungen weniger unnatürlich wirken, als es gesprochen der Fall wäre. So wird in dem Lied „Zeigt her eure Füße, zeigt her eure Schuh" sechsmal hintereinander „sie waschen" gesungen. Dies führt dazu, dass sich die Verbzweitstellung ganz nebenbei verfestigt. Auch das Lied „Meine Oma fährt im Hühnerstall Motorrad" kommt mit Wiederholungen daher. Die Wortfolge „Meine Oma plus Verb plus Ergänzung" wird in jeder Strophe mindestens dreimal verwendet. Weitere geeignete Lieder bezüglich Wiederholungen der Satzstruktur bietet das Liederbuch „Die Affen rasen durch den Wald …" von Pina Gertenbach aus dem Esslinger Verlag.

4 Was siehst du auf dem Bild?

Die pädagogische Fachkraft kann auch Wimmelbücher zur Unterstützung der Satzbildung einsetzen. Sie fordert die Kinder mit der Frage „Was siehst du auf dem Bild?" zum Sprechen auf. Hilfreich ist es, wenn sie dabei ein Satzschema vorgibt und z. B. sagt: „Ich sehe einen Hund, der schläft." Jetzt können die Kinder dieses Schema aufgreifen. Äußert sich ein Kind allerdings nur in kurzen, unvollständigen Sätzen wie: „Hund frisst", dann ergänzt die Fachkraft den Satz um die fehlenden Wörter: „Tatsächlich! Ich sehe auch einen Hund, der frisst. Was siehst du noch?"

5 Was wäre, wenn?

Für Kinder, die sprachlich schon gut entwickelt sind, bieten sich Bücher mit weniger Wiederholungen, dafür aber mehr Variation in den Satzstrukturen an. Das ist bei Texten größeren Umfangs unweigerlich der Fall. Manche Bücher rücken sogar ganz gezielt grammatische Strukturen in den Vordergrund: Das Buch „Sonja ist wichtig" von Elke Schlösser nimmt Kinder auf eine „Was-wäre-wenn-Reise" mit und setzt an vielen Textstellen folgerichtig den Konjunktiv ein. „Wenn ich ein Vöglein wär', und auch zwei Flügel hätt, flög ich zu dir …" (Schlosser 2014, S. 1). Oder „Ich wär' so gerne Astronaut! Dann würde ich zum Mars fliegen. Alle Leute sähen mich im Fernsehen" (ebd., S. 5). Die Geschichte nutzt den in der Alltagssprache kaum noch gebräuchlichen Konjunktiv so häufig, dass sie zum Erwerb dieser grammatischen Konstruktion beiträgt.

6 Subjekt-Prädikat-Objekt-Sätze mit Bildkarten

Nicht immer ist es für den Erwerb grammatischer Strukturen ausreichend, korrekte Grammatik nur zu hören und wahrzunehmen. Gerade Kinder im Vorschulalter können sich schon bewusst mit der Satzbildung auseinandersetzen. Dafür benötigt die Fachkraft Bildkarten, auf denen Personen, Tätigkeiten und Tiere abgebildet sind, und sortiert diese in drei Stapel. Jedes Kind nimmt sich nun von allen drei Stapeln jeweils eine Bildkarte, legt sie vor sich ab und bildet daraus einen Satz, z. B.: „Die Mama streichelt den Hund." Auf diese Weise bilden Kinder sogenannte SPO-Sätze, also Sätze, deren Satzglieder in der Reihenfolge „Subjekt, Prädikat, Objekt" angeordnet sind. Lustig wird es, wenn die erste und dritte Karte vertauscht werden. Dann heißt der Satz: „Der Hund streichelt die Mama." Unbewusst lernen Kinder dabei auch, dass man die Karten von Stapel 1 (Subjekte) und die Karten von Stapel 3 (Objekte) vertauschen kann. Die Karten von Stapel 2 jedoch, also die Prädikate (Verben), bleiben an der gleichen Stelle. So wird die Verbzweitstellung im Deutschen verdeutlicht. Für Kinder, deren (deutsche) Sprachkenntnisse noch gering sind, bietet sich eine einfache Variante an: Sie wählen eine Karte von Stapel 1 und eine von Stapel 2 und ergänzen die gleichbleibende Kombination von Subjekt und Prädikat („Die Mama streichelt …") stets mit einer neuen Karte vom dritten Stapel („… die Katze/den Hund/die Maus").

7 Satzstellung bei Fragen üben

In einem Fragesatz ist die Wortstellung eine andere als in einem Hauptsatz: Jetzt rückt das Verb an den Satzanfang. Um diesen Unterschied deutlich zu machen, kann die Fachkraft wieder mit Bildkarten der Kategorien 1 bis 3 arbeiten (s. Impuls 6). Zunächst bilden die Kinder einen normalen Satz wie „Papa isst ein Eis". Nun schieben sie die zweite Karte, also das Verb, an den Satzanfang. Der Satz lautet nun: „Isst Papa ein Eis?", und hat sich von einem Aussage- in einen Fragesatz verwandelt. Die Fachkraft sollte den neuen Satz laut vorsprechen und den Kindern durch Betonung, Mimik und Gestik deutlich machen, dass es sich um eine Frage handelt. Sie

- geht am Ende des Satzes mit der Stimme „nach oben",
- zieht die Augenbrauen fragend hoch,
- zeigt die Handinnenflächen.

8 Nebensätze mit „weil"

Hauptsätze in Kombination mit einem Nebensatz stellen bereits eine erhöhte Schwierigkeitsstufe im Satzbau dar. Auch dies lässt sich mit den drei Bildkartenstapeln (s. Impuls 6) gut üben. Die pädagogische Fachkraft fügt dem Satz „Die Mama streichelt den Hund" ein „weil" hinzu. Den sich anschließenden Grund dafür, z. B.: „weil er Angst hat", nennen die Kinder. Die Fachkraft sollte unbedingt darauf achten, dass das Verb am Ende des Nebensatzes steht („weil er Angst *hat*"). Die umgangssprachliche, oft gehörte Variante „Die Mama streichelt den Hund, weil er hat Angst" ist zu vermeiden. Achtung: In Nebensätzen gilt die Verbzweitstellung nicht.

9 Warum-Fragen

Die Nebensatz-Konstruktion mit „weil" lässt sich gut mit der Frage „Warum?" einüben. Als Ausgangspunkt wählt die Fachkraft eine Geschichte. Die Kinder suchen gemeinsam Warum-Fragen und finden dann Weil-Antworten, z. B.: „Warum frisst die Raupe Nimmersatt so viele Dinge?" – „Weil sie Hunger hat." Inhaltlich schwieriger wird es, wenn die Antwort auf die Frage nicht offensichtlich ist: „Warum ist die Raupe Nimmersatt so furchtbar hungrig?" Die Kinder müssen sich nun eine Erklärung ausdenken, denn diese Antwort ist dem Bild nicht zu entnehmen.

10 Wenn-dann-Spiele mit Holzwürfeln

Eine weitere wichtige Nebensatz-Konstruktion sind „Wenn-dann-Sätze". Diese können sowohl alltagsintegriert als auch gezielt gut eingesetzt werden. Im Alltag leitet die Fachkraft „Wenn-dann-Sätze" am besten in solchen Situationen ein, die eine Abstimmung erfordern: „Wenn es draußen regnet, dann ziehen wir alle Gummistiefel an." Oder: „Wenn deine Hände schmutzig sind, dann solltest du sie waschen." Gezielt üben kann die Fachkraft diese Konstruktion mit zwei Blanko-Holzwürfeln. Auf die Seiten des einen Würfels klebt sie Bilder, die eine Tätigkeit zeigen, auf die Seiten des zweiten bringt sie mehr oder weniger dazu passende Gegenstände an. Die Kinder würfeln abwechselnd mit beiden Würfeln gleichzeitig und bilden einen „Wenn-dann-Satz". Zeigt das erste Bild z. B. ein Roller fahrendes Kind und das zweite Bild einen Roller, dann könnte der korrekte Satz dazu lauten: „Wenn ich Roller fahren möchte, dann brauche ich einen Roller." Spaßig wird das Spiel, wenn ein Kind eine Tätigkeit und einen Gegenstand würfelt, die nicht zusammenpassen, und ein Satz entsteht wie z. B.: „Wenn ich Roller fahren will, brauche ich einen Fußball." In diesem Fall können die anderen Kinder korrigierend eingreifen: „Nein, wenn du Roller fahren willst, dann brauchst du einen Roller!"

LESE- & MATERIALTIPPS

→ Carle, E. (2011): Die kleine Maus sucht einen Freund. Hildesheim: Gerstenberg.

→ Gertenbach, P. (2019): Die Affen rasen durch den Wald … Das große Lieder-Wimmelbuch. Stuttgart: Esslinger.

→ Schlösser, E./van Husen, L. (2014): Sonja ist wichtig. Pulheim: SchauHoer-Verlag.

Materialien

→ Blanko-Holzwürfel

Spiele

→ „HoppHopp!", Trialogo (Satzbau einüben)

5 MUNDMOTORIK

„Blaukraut bleibt Blaukraut und Brautkleid bleibt Brautkleid" – der Zungenbrecher, an dem sich Generationen von Kindern und Erwachsenen versucht haben und immer wieder gern versuchen, ist wohlbekannt. Weniger hingegen, was das Aussprechen dieser Wörter über die Beherrschung der Mundmotorik und der Sprechwerkzeuge aussagt. Um Laute zu bilden, ist die Koordinierung vieler Muskelgruppen notwendig. Dazu kommt noch die Kontrolle des Luftstroms und der Einsatz der Stimme. Bereits im Säuglingsalter bereiten sich Kinder auf das spätere Sprechen bzw. korrekte Artikulieren vor, und zwar durch Schreien, Brabbeln und Lallen. Dennoch kann es erforderlich sein, die Mundmotorik im pädagogischen Alltag zusätzlich zu unterstützen. Wenn Kinder weit über das Kleinkindalter hinaus regelmäßig am Schnuller nuckeln, aus ungünstigen Trinkgefäßen wie Schnabelflaschen trinken oder nur weiche Nahrung zu sich nehmen, kann das die Entwicklung gut funktionierender Gesichts- und Mundmuskeln negativ beeinflussen. Manche Kinder haben organisch begründete Schwierigkeiten mit der Muskelspannung und der Beweglichkeit; bei anderen wiederum sind diese erblich bedingt. Derartige Probleme der Mundmotorik, auch myofunktionelle Störungen genannt, erfordern in der Regel eine therapeutische Behandlung durch eine Logopädin oder einen Logopäden. Dennoch können pädagogische Fachkräfte ergänzend oder unterstützend pädagogisch intervenieren – natürlich immer in Absprache mit den Therapeut*innen. Profitieren können auch Kinder mit gut funktionierender Mundmuskulatur, denn die Aufmerksamkeit auf die Sprechorgane zu richten und sich des Zusammenspiels von Mund-, Zungen- und Lippenmuskeln bewusst zu werden, ist auch für Kinder ohne logopädischen Bedarf sinnvoll. Grundsätzlich sollen die folgenden Übungen und Aktionen vor allem Spaß machen und an passender Stelle in den pädagogischen Alltag integriert werden.

Hinweis: Bei allen Übungen und Spielen rund um Mund, Lippen, Zunge und Stimme ist Speichel mit im Spiel; es kann also feucht werden! Die Fachkräfte müssen daher darauf achten, dass jedes Kind immer nur seine eigenen Materialien oder Lebensmittel benutzt und verzehrt und nicht die der anderen Kinder. Spielflächen und Spielfiguren, die mehrfach verwendet werden, müssen nach einer Benutzung abgewaschen und desinfiziert werden, bevor ein anderes Kind damit spielt.

LERNZIELE

- Sprechorgane (Lippen, Zunge, Gaumen …) bewusst wahrnehmen
- Stärkung der Mundmuskulatur, Aufbau von Muskelspannung
- Kontrolle des Luftstroms
- Verbesserung der Artikulation (nur in Kombination mit einer logopädischen Therapie)

FÜR SIE IN DEN BILDUNGSPLAN GESCHAUT

Sachsen-Anhalt: „In Bewegung sein. Sinnliche Erfahrungen machen Kinder immer in Bewegung. In Bewegung kommen Kinder mit ihrer Umwelt in Kontakt, entwickeln ihr Selbstbild und ihr Körpergefühl. Zu Beginn sind es kleine Bewegungen von Zunge, Mund und Fingern, die Kinder koordinieren können. Bald darauf beherrschen sie Bewegungen von Kopf und Händen, Armen und Beinen, lernen, sich zu drehen, zu robben, zu krabbeln und schließlich zu laufen" (S. 42).
Ebd.: „2.9. Kooperationen und Netzwerke [...] Andere Serviceanbieter (Servicepartner sind all jene Fremdanbieter, die in der Tageseinrichtung Dienstleistungen erbringen und dafür bezahlt werden) ergänzen die Arbeit des Teams durch gezielte Förderangebote für einzelne Kinder, wie Physiotherapeuten, Logopäden oder Frühförderstellen. Bei diesen Angeboten achten die Leitung der Tageseinrichtung und die pädagogischen Fachkräfte darauf, dass sie die Bildungsprozesse der Kinder ergänzen" (S. 76).

Hamburg: „Erkundungsfragen: Das Kind in seiner Welt [...]
- Welche Sprache(n) oder Dialekte spricht das Kind?
- Ist seine Ausdrucksfähigkeit bzw. seine Aussprache verständlich?" (S. 71).

Hessen: „Grundverständnis über den Zusammenhang von Atmung, Stimme und Aussprache erwerben" (S. 74).

IMPULSE

1 Pusteblumen und Pustemonster

Das Anspannen der Mund- und Lippenmuskulatur kann im Alltag ganz allgemein durch Pusten trainiert werden. Die Fachkraft kann den Kindern daher folgende Aktivitäten anbieten:

- Seifenblasen und Luftschlangen pusten
- Luftballons aufblasen
- bunte Pustebilder herstellen

Letztere entstehen, wenn man großzügig verschiedenfarbige Kleckse von Wasserfarbe auf ein weißes Papier verteilt und diese dann mit einem Strohhalm anpustet. Die Farben zerfließen ineinander; es entstehen wunderschöne, teilweise bizarre Bilder. Die gepusteten Schlieren können z. B. die Haare rund um ein Gesicht darstellen. Die Kinder können Augen und Münder ergänzen und so mal mehr, mal weniger gruselige Monster oder Fantasiewesen gestalten. Auch die Natur bietet, sobald der Frühling da ist, einen beliebten Anreiz zum Pusten: Die meisten Kinder fühlen sich von den Pusteblumen des verblühenden Löwenzahns magisch angezogen. Kreativ sind auch sogenannte Kussbilder, bei denen Kinder sich geeignete Farbe oder Lippenstift auf die Lippen auftragen (lassen) und dann Küsse bzw. Kussmünder auf Papier drücken.

2 Musikinstrumente zur Stärkung der Mundmotorik

Es gibt zahlreiche kleine „Musikinstrumente", die die Mundmotorik beanspruchen und somit stärken. Die Fachkraft kann z. B. Mundharmonikas, Trillerpfeifen, Tröten oder sogenannte Luftrüssel zur Verfügung stellen.

3 Schwebende Schleier

Sogar Papiertaschentücher geben ein geeignetes Material zur Stärkung der Mundmotorik ab. Meist lassen sie sich in mehrere Lagen zerlegen. Zunächst lösen die Kinder die feinen Schichten des Zellstoffs vorsichtig voneinander ab – bei dieser Herausforderung an die Feinmotorik hilft evtl. die Fachkraft. Dann legen sich die Kinder auf den Rücken, während die Fachkraft jedem Kind eine Lage des luftig-leichten Materials aufs Gesicht legt. Die Kinder versuchen, den Zellstoff durch Pusten anzuheben. Kindern, die einen anhaltenden Luftstrom erzeugen können, gelingt es vielleicht sogar, den Zellstoff über ihrem Gesicht schweben zu lassen.

4 Kerzen zur Kontrolle des Luftstroms

Wenn echte Flammen in der Kita erlaubt sind, dann eignen sich Übungen mit Kerzen zur Kontrolle des Luftstroms. Zunächst gilt es, eine Kerze einfach nur auszupusten. Dabei ist es wichtig, dass sich immer nur ein Kind in der Nähe der Flamme befindet und die anderen Kinder genügend Abstand halten. Es können auch zwei oder drei Kerzen nebeneinanderstehen, aber nur eine bestimmte Flamme soll ausgepustet werden. Teelichter können auch in eine Schüssel mit Wasser gesetzt und über die Wasseroberfläche gepustet werden – ohne dass die Flamme ausgeht. Achtung: Haare und Kleidung der Kinder so sichern, damit nichts in die Flamme baumeln kann! Bei der Arbeit mit Kerzen müssen immer die Brandschutzbestimmungen der Einrichtung eingehalten werden, also feuerfester Untergrund, Wassereimer zum Löschen usw.

5 Wattebäuschchen-Fußball

Das Pusten von Wattebäuschchen über einen glatten Untergrund, z. B. über einen Tisch, ist eine weitere Möglichkeit eines Pustespiels. Die Fachkraft kann das Spiel variieren bzw. an das Interesse der jeweiligen Kinder anpassen, indem sie auf dem Tisch z. B. ein Fußballfeld mit zwei Toren aufmalt oder mit Klebeband aufklebt. Nun können etwa fußballbegeisterte Kinder „Puste-Fußball" spielen, indem sie eine kleine Watte-, Filz- oder Papierkugel hin und her pusten. Gemeinsam können Fachkraft und Kinder einen Irrgarten oder eine ganze Stadt mit Straßen und Brücken aufkleben, durch den/die sie dann einen kleinen Gegenstand pusten.

6 Stark im Mund durch Strohhalme und Salzstangen

Das Trinken mit Strohhalmen erfordert Anspannung und Kontrolle im Mund. Je dickflüssiger das Getränk, z. B. Joghurt oder Pudding, desto anstrengender und somit auch wirkungsvoller ist diese Übung. Erhöhen kann die Fachkraft den Schwierigkeitsgrad zusätzlich, indem sie besonders lange oder besonders dünne Strohhalme einsetzt. Ein weiteres „Trainingsgerät" aus Lebensmitteln sind Salzstangen. Die Kinder klemmen sich jeweils eine Salzstange zwischen die Lippen und ziehen diese in den Mund hinein – und zwar ohne Hilfe der Hände. Sie können die Salzstange auch horizontal zwischen Mund und Nase klemmen und dort eine Welle halten. Diese „Schnurrbart-Übung" kann auch mit einem Stift oder einem Strohhalm durchgeführt werden.

5

Mundmotorik

7 Grimassen schneiden

Grimassen schneiden stärkt die Beweglichkeit im Gesicht bzw. Mund. Es gibt im Kita-Alltag etliche Möglichkeiten, die Gesichtsmuskulatur spielerisch zu trainieren:

- Verse und Reime animieren zum Verziehen des Gesichts oder zum Bewegen der Zunge und sind im Morgenkreis oder nach dem Zähneputzen einsetzbar, z. B. in dem Buch „Und vorne geht der Elefant“ von Elisabeth Schmitz.
- „Wie viele Zähne habe ich?“ Die Kinder versuchen, ihre Zähne zu zählen, indem sie jeden einzelnen Zahn mit der Zunge berühren.
- Grimassen-Memo spielen: Die Fachkraft fotografiert jedes Kind mit dessen Lieblingsgrimasse und erstellt mit den Fotos ein Memo-Spiel. Jedes Kind darf dann die Grimasse nachmachen, die es auf der von ihm aufgedeckten Karte sieht. Ein Handspiegel hilft zu kontrollieren, ob das Kind sein Gesicht auch in die richtige Form gebracht hat.
- Das Summen von Liedern, Schnalzen, Pfeifen oder Nachahmen von Tier- und Schnarchgeräuschen hilft Kindern, den Gebrauch ihrer Mundmotorik und Stimme bewusster zu erleben.
- Das Nachsprechen sogenannter „Zungenbrecher“ erfordert viel Zungenfertigkeit und Koordinierung im Mund, macht aber ebenso großen Spaß.

8 Formen mit der Zunge erfühlen

Die Kinder stanzen mit kleinen Ausstechformen aus Esspapier, Karotten- oder Brotscheiben Sterne, Herzen oder andere Symbole aus. Einen ähnlichen Effekt haben Nudeln in Form von Sternchen, Muscheln oder Buchstaben. Sie dürfen diese mit geschlossenen oder verbundenen Augen mit der Zunge untersuchen und sollen dabei die Form erraten. Dabei bzw. danach darf alles gegessen werden! Wenn die Fachkraft den Kindern ein wenig Brausepulver auf die Zungenspitze oder Lippen gibt, hilft das Prickeln der Brause dabei, diese Stellen besser zu erspüren. Ein „Mund- und Lippen-Diplom“ oder ein „Zungen-Zertifikat“, das den Kindern zur Belohnung ausgeteilt wird, erhöht oft die Motivation und stellt einen eindrucksvollen Abschluss für Übungen der Mundmotorik dar.

9 Ansaug-Spiele mit dem Strohhalm

Maßnahmen zur gezielten Förderung der Mundmuskulatur „versteckt“ die Fachkraft am besten hinter Spielen oder lustigen Aktionen. Der Strohhalm dient auch hier als wichtiges Hilfsmittel; zahlreiche Spielideen lassen sich damit erfinden und umsetzen. Ein Beispiel: Die Kinder stanzen aus Papier verschiedener Farben Formen aus bzw. reißen das Papier in kleine Schnipsel. Jedes Kind sucht sich eine Farbe aus und soll nun die Schnipsel seiner Farbe mit einem Strohhalm ansaugen und in einen ca. zwei Meter entfernt aufgestellten Becher fallen lassen, und zwar innerhalb einer festgelegten Zeitspanne. Wer am Ende die meisten Schnipsel in seinem Becher hat, gewinnt. Das Spiel lässt sich beliebig variieren, etwa indem die Kinder auf dem Weg zum Becher Hindernisse überwinden müssen.

10 Spiele aus dem Handel

Auch der Handel bietet zahlreiche Spiele und Materialien zum Thema Mundmotorik an, die im pädagogischen Alltag gut einsetzbar sind. Das Spiel „Pustezauber“ von Haba ist aufgrund von einfachen Spielregeln und sprachanregenden Illustrationen sehr gut geeignet: Wer eine bunte Feder weit und zielgerichtet auf Bildkarten mit Tiermotiven pusten kann, gewinnt. Auch „Pustekuchen“, ebenfalls von Haba, erfreut sich seit Jahren großer Beliebtheit. Hier gilt es, Kugeln aus verschieden schweren Materialien in Aussparungen des Spielbretts zu pusten. Ergänzend kann die Fachkraft hier eine Stoppuhr hinzuziehen: Wer schafft es am schnellsten, die richtigen Löcher zu treffen? Mit „Mi-Ma-Mundmotorik“ hat der Verlag an der Ruhr eine Sammlung von Übungen für Mund, Lippen, Stimme und Atmung veröffentlicht, die ebenfalls viele Anregungen bieten und meist ohne große Vorbereitung umgesetzt werden können.

LESE- & MATERIALTIPPS

➜ Elliott, A. (2013): Mi-Ma-Mundmotorik. Kartenset mit 50 Übungen für Aussprache, Atmung und Sprachförderung. Mülheim: Verlag an der Ruhr.

➜ Kunz, H. (2014): Voll verzwickt! Zungenbrecher für Kinder. München: Don Bosco.

➜ Schmitz, E. (2016): Und vorne geht der Elefant. O. O.: Braunbär Verlag.

➜ Späthelf, B./Szesny, S. (2008): Ein Bär von der Schnullerfee. Haan: Albarello.

Spiele

➜ „Mimik-Memo“, Haba

➜ „Pustekuchen“, Haba (Pustespiel)

➜ „Pustezauber“, Haba (Pustespiel)

ELTERNTIPP:

Aufklärung über Gefahren für die Mundmotorik

Eltern und andere Bezugspersonen eines Kindes haben großen Einfluss darauf, eventuelle Probleme in der Mundmotorik zu verhindern bzw. früh zu erkennen. Daher ist Aufklärung über die Wirkung von Schnuller, Nuckelflasche oder Schnabeltasse auf Zahnstellung, Kieferform, Schluckmuster und Zungenhaltung wichtig.

- Jede Einrichtung sollte sich geeignete Bücher anschaffen, die z. B. die negativen Auswirkungen eines allzu langen Schnullergebrauchs thematisieren und die sie an die Eltern verleiht. Gut geeignet ist z. B. „Ein Bär von der Schnullerfee“, das zusätzlich auch noch Möglichkeiten zeigt, die Abgewöhnung des Schnullers zu erleichtern.
- Eine kleine Ausstellung im Eingangsbereich präsentiert – deutlich gekennzeichnet – für Kleinkinder ungeeignete und geeignete Trinkgefäße. Letzteres sind z. B. schlichte Becher oder Trinklernbecher ohne Sauger und Schnabel, die ein natürliches Schluckmuster unterstützen.
- Eltern sollten informiert darüber sein, dass auch die Ernährung Einfluss auf die Mundmotorik und die Mundmuskulatur ihrer Kinder hat. Brot mit Rinde, Karotten und andere festere Lebensmittel unterstützen beim Kauen den Aufbau von Muskulatur und die Beweglichkeit der Sprechorgane.

6 PHONOLOGISCHE BEWUSSTHEIT

„Fischers Fritze fischt frische Fische" – die Gemeinsamkeit aller Wörter dieses Zungenbrechers liegt im identischen Anfangsbuchstaben „f". Genau das trifft auch auf die – scheinbar willkürlich zusammengestellten – Wörter „schlafen", „Schuh" und „schön" zu: Ihre Bedeutung betreffend haben sie nicht viel gemeinsam, in ihrem Aufbau bzw. ihrer Lautstruktur jedoch schon. Sie alle beginnen mit einem „sch". Dies zu erkennen bzw. in der gesprochenen Sprache herauszuhören, ist eine Kompetenz, die als „phonologische Bewusstheit" bezeichnet wird. Gemeint ist damit z. B. die Fähigkeit, Sätze in Wörter und Wörter in Silben zerlegen zu können. Dies können Kinder oft schon im frühen Kindergartenalter – erkennbar daran, dass sie die Silben von Vornamen klatschen. Auch das Nachsprechen von Fantasiewörtern, Zahlenfolgen oder Abzählreimen („Ene, mene, miste …") ist ein Zeichen für diese Kompetenz. Phonologische Bewusstheit beschreibt aber auch die Befähigung, gleiche Anlaute herauszuhören (wie in „Schuh" und „schön") oder Laute innerhalb oder am Ende eines Wortes zu erkennen („Wo hörst du ‚s' in ‚Maus'"?). Allgemein wird der phonologischen Bewusstheit eine wichtige Rolle beim Lesen- und Schreibenlernen zugeschrieben. Dennoch ist sie keine Kompetenz, die erst ab der Grundschule aufgebaut oder gefördert werden sollte. Vielmehr ist die Fähigkeit, die Lautstruktur einer Sprache wahrzunehmen, ab der Grundschule erforderlich. Somit sollte das Bewusstsein für sprachliche Einheiten wie Sätze, Wörter, Silben und Laute auch schon im Kindergarten- und Vorschulalter unterstützt werden.

LERNZIELE

- Gefühle für Rhythmus und Betonung von (deutscher) Sprache entwickeln
- Wörter in Silben zerlegen können
- Anlaute hören und zuordnen können

FÜR SIE IN DEN BILDUNGSPLAN GESCHAUT

Niedersachsen: „Für die sprachliche Bildung haben sich musikalische und rhythmische Formen wie Lieder, Reime, Singspiele u. Ä., verbunden mit Bewegung, als besonders wirkungsvoll erwiesen. Kinder lernen hierbei ganz beiläufig den besonderen Sprachrhythmus und den Satzbau der (deutschen) Sprache intensiv(er) kennen, erweitern ihren Wortschatz und begegnen der Sprache in einer Weise, die Kindern besonders viel Freude macht" (S. 21).

Schleswig-Holstein: „Kinder lernen zunächst Laute und Lautfolgen zu unterscheiden. In Reimen und Wortspielen verfeinern sie dieses Vermögen noch lange Zeit und identifizieren immer mehr Wortbausteine" (S. 32).

Bremen: Grundlagen artikulierten Sprechens sind Klang und Rhythmus. Rhythmische Bewegung und musikalische Betätigung fördern deshalb auch die Fähigkeit, Sprache zu artikulieren. In Liedern und Reimen werden sprachliche Äußerungen mit musikalischen Elementen verbunden, prägen sich ein und erweitern die Sprachbeherrschung" (S. 20).

Rheinland-Pfalz: „Kindern soll die Möglichkeit gegeben werden, zu erfahren und zu entdecken, dass Sprache aus einzelnen Lauten besteht, die man voneinander unterscheiden kann, und Lust am Artikulieren zu entwickeln. Die Kindertagesstätte ermöglicht diese Erfahrung durch:
• das Spiel mit Sprache und Lauten in Reimen, Quatschliedern usw.,
• rhythmisches Sprechen, die Verbindung von Musik und Sprache oder lustige Geschichten, in denen es um die Aussprache von Wörtern geht" (S. 55).

IMPULSE

1 Das Gehör einstimmen

Alle Spiele, Aktionen oder Übungen rund um die phonologische Bewusstheit basieren zunächst auf der Sensibilisierung des Gehörs. Dazu zieht sich die pädagogische Fachkraft mit einigen Kindern in eine ruhige Umgebung zurück. Sie schafft ein Bewusstsein für Stille, indem sie eine Nadel o. Ä. fallen lässt: Hören die Kinder den Aufprall? Sie fordert die Kinder nacheinander auf, zu erzählen, welche Laute und Geräusche sie in der vermeintlichen Stille wahrnehmen. Wirklich still ist es nämlich selten, da tickt z. B. leise eine Uhr, lachen Kinder draußen auf dem Hof, knurrt ein hungriger Magen usw. Die Fachkraft kann zur Einstimmung auf das genaue Hinhören auch CDs mit verschiedenen Natur- oder Alltagsgeräuschen abspielen. Das Spiel „Soundtrack" verbindet das Hören von Alltagsgeräuschen mit Bildkarten zum Bingospielen und ist ab 3 Jahren geeignet.

2 Sprachgefühl durch Reime

Lieder, Fingerspiele, Kniereiter und Gedichte transportieren den Rhythmus und die Betonung einer Sprache. Reime aller Art in den Alltag zu integrieren, ist daher für Fachkräfte eine hervorragende Möglichkeit, das Sprachgefühl der Kinder anzubahnen und zu fördern. Am einfachsten geschieht das, wenn die Fachkraft die verschiedenen Reime innerhalb der stets wiederkehrenden Routinen des Tagesablaufs etabliert. Dafür eignen sich z. B. die Begrüßung, das Aufräumen, der Morgenkreis oder der Guten-Appetit-Vers vor einer Mahlzeit. Viele Kinder übernehmen das Reimen und haben großen Spaß daran, „Nonsensreime" oder Quatschwörter zu bilden wie „Nase-Schlase", „Sally-Belly" oder „Ulli-Schnulli". Dies ist ein erster wichtiger Schritt zur Ausbildung der phonologischen Bewusstheit – auch oder gerade, wenn es sich wie bei „Belly" und „Schlase" um erfundene Wörter handelt.

3 Wörter auf dem Trampolin hüpfen

Auch die Fähigkeit, Wörter in Silben zu zerlegen, gehört zur phonologischen Bewusstheit. Es empfiehlt sich, das Bewusstsein für Silbentrennung mithilfe von Bewegung zu schaffen. Der Einsatz des eigenen Körpers ermöglicht es den Kindern, die Zerlegung eines Wortes körperlich zu spüren: Auf einem Trampolin z. B. können sie die Silbenzahl eines Wortes „erhüpfen". Die Fachkraft kann aber auch mehrere Teppichfliesen im Gruppenraum auslegen oder das Silbenhüpfen nach draußen verlegen, indem sie mit Kreide Hüpfkästchen auf dem Hof malt.

4 Mit Fliegenklatschen die Silbenanzahl klatschen

Selbst Fliegenklatschen lassen sich zum Zweck der Silbentrennung äußerst kreativ einsetzen: Die Fachkraft legt in der Mitte eines Sitzkreises Karten aus, die Zahlen bzw. Würfelpunkte von 1 bis 5 zeigen. Alle Kinder sind mit Fliegenklatschen ausgestattet. Nun nennt ein Kind ein Wort seiner Wahl, z. B. Winterschlaf. Die Kinder dürfen mit ihren Fliegenklatschen auf die Karte mit der Zahl schlagen, die der Silbenanzahl entspricht, also auf die Drei. Wenn die Fliegenklatschen-Variante zu viel Schabernack mit sich bringt, kann die Fachkraft auch Körbe aufstellen und diese mit den Zahlen von 1 bis 5 kennzeichnen. Jedes Kind holt sich einen Gegenstand aus dem Raum, z. B. einen Ball, eine Tasse oder ein Kuscheltier, benennt ihn und legt ihn in den Korb mit der entsprechenden Silbenzahl. Der Ball wandert also in den Korb mit der 1, die Tas-se zum Korb mit der 2 und das Ku-schel-tier zum Korb mit der 3.

5 Bildkarten „Silben"

Wer gern mit vorgefertigtem Material arbeitet, besorgt sich die „Bildkarten zur Sprachförderung. Silben" vom Verlag an der Ruhr. Abgebildet sind Wörter mit ein bis fünf Silben. Die jeweilige Rückseite der Karte bietet durch Silbenbögen eine Kontrollmöglichkeit. Natürlich kann die Fachkraft auch die Bildkarten von Memo- oder Lotto-Spielen verwenden oder eine Kartei mit selbst angefertigten Karten anlegen: Die Kinder können die Gegenstände dafür selbst malen oder fotografieren und ausdrucken.

6 Wörter aus dem Sprachfluss heraushören

Damit Kinder lernen, bestimmte Wörter im Sprachfluss herauszuhören und somit genau auf den Klang von Sprache zu achten, liest bzw. erzählt die Fachkraft Geschichten, in denen ein Wort besonders häufig vorkommt, z. B. das Wort „Grüffelo" im gleichnamigen Buch von Axel Scheffler und Julia Donaldson. Natürlich können es auch selbst ausgedachte Geschichten (s. Kapitel 7) sein. Wann immer das entsprechende, vorher festgelegte Wort zu hören ist, geben die Kinder entweder ein akustisches Signal (z. B. in eine Tröte pusten) oder legen eine Murmel in einen Becher. Am Schluss wird gezählt: Wie oft kam das Wort vor? Wer hat es jedes Mal herausgehört?

ELTERNTIPP:

Reimwort der Woche

Ein großes Plakat hängt am Montag im Eingangsbereich und ist bis auf das „Reimwort der Woche", z. B. „Haus", leer. Stifte liegen bereit. Alle Eltern dürfen im Vorbeigehen ein Reimwort ergänzen und aufschreiben: ein deutsches, ein erfundenes oder eines aus anderen Sprachen! Wer nicht schreiben möchte, kann auch malen. Am Ende der Woche liest die Fachkraft die Reimwörter im Morgenkreis vor.

7 Handpuppen als Helfer

Wie wäre es, wenn einmal nicht die Fachkraft mit den Kindern Silben trennt, sondern eine Handpuppe diese Aufgabe übernimmt? Fritz Frosch oder Bruno Bär bringen Abwechslung. Sie sprechen in Silben zerlegte Wörter vor, die die Kinder zusammensetzen müssen, z. B. „E-le-fant". Je mehr Zeit die Handpuppe zwischen den einzelnen Silben verstreichen lässt, desto schwieriger ist es, das Wort zu erkennen bzw. richtig zusammenzusetzen.

8 A wie Ameise

Auch die Vornamen der Kinder bieten Anlass, kreativ an der phonologischen Bewusstheit zu arbeiten. Jeweils drei Kinder stellen sich nebeneinander auf und sagen laut ihren Namen. Die anderen Kinder wählen vorab bereitgelegte Bildkarten oder Gegenstände aus, die ihrer Meinung nach mit demselben Anlaut beginnen, also für „Anna" eine Ameise, eine Ampel oder einen Apfel, für „Mustafa" eine Maus, einen Magneten oder eine Matschhose. Anschließend diskutieren Kinder und Fachkraft gemeinsam, ob passende Gegenstände ausgesucht wurden.

9 Minimalpaare für Profis

Minimalpaare sind Wortpaare, die sich in nur einem Laut unterscheiden, z. B. im Anlaut wie bei „Hand und Land" oder in der Wortmitte wie bei „Hand und Hund". Die Fachkraft spricht den Kindern sowohl Minimalpaare wie „Maus und Laus" als auch identischen Wortpaare wie „Maus und Maus" vor. Danach entscheiden sie, ob es sich um identische oder unterschiedliche Wörter handelt. Vorher haben die Kinder Schilder gebastelt: Daumen hoch steht für „identisch", Daumen runter für „unterschiedlich". Kinder mit einem guten Sprachgefühl können sagen, wo genau sie den Unterschied gehört haben, also am Anfang, in der Mitte oder am Ende des Wortes. Nicht alle Kinder im Kindergartenalter schaffen es, die Unterschiede in den Wörtern zu lokalisieren, es ist eher eine Methode für „Sprachprofis". Listen von Minimalpaaren gibt es z. B. im Internet (s. Materialien). Das Spiel „Die freche Sprech-Hexe" aus dem Ravensburger-Verlag bietet eine Auswahl an Minimalpaaren auf kleinen runden Pappkarten. Die Minimalpaare, z. B. „Berg und Burg", müssen gefunden und der Sprech-Hexe angeboten werden. Ein geheimes Zeichen auf der Rückseite der Pappkreise zeigt an, ob die Paare wirklich zusammengehören. Wenn ja, dürfen sie mithilfe eines Zauberspruchs im Hexenkessel versenkt werden.

10 Training mit dem Wimmelbuch

Die zur Sprachförderung allgemein vielfältig einsetzbaren Wimmelbücher zählen auch beim Training der phonologischen Bewusstheit zum bewährten Handwerkszeug. Wimmelbuchseiten lassen sich nach Wörtern mit einem bestimmten Anfangsbuchstaben durchsuchen. Mit verschiedenfarbigen ablösbaren Klebepunkten lassen sich Bilder mit dem gleichen Anlaut markieren, z. B. erhalten die Wolke und die Wiese beide einen roten Klebepunkt und der Fisch und das Fahrrad beide einen grünen.

11 Anlaute unter dem Schwungtuch erkennen

Wer Sprachspiele mit Bewegung koppeln möchte oder diesbezügliche Angebote im Freien machen möchte, kann gut mit einem Schwungtuch arbeiten. Schwungtücher haben meist einen großen Durchmesser und werden von vielen, im Kreis stehenden Kindern an den Schlaufen am Rand festgehalten und nach oben in die Luft geschwungen. Dann dürfen alle Kinder, deren Namen einen bestimmten Laut beinhaltet, unter dem angehobenen Schwungtuch durchlaufen und den Platz wechseln, z. B. alle Kinder mit einem „A" am Anfang ihres Namens oder Kinder, deren Namen genau zwei Silben haben.

12 Bilderbuchbetrachtungen

Auch der Buchmarkt hat zahlreiche Titel im Angebot, die zur Ausbildung der phonologischen Bewusstheit eingesetzt werden können. Zum Beispiel „Wir sind erste Klasse!" von Daniela Kulot. Hier wird dem Alphabet nach von Kindern berichtet, die sich auf den ersten Schultag vorbereiten. Je nach Vornamen steht die kurze Geschichte ganz im Zeichen dieses Lautes. So ist der kleine Anton aufgeregt, zieht seinen Anorak an und packt einen Apfel ein, bevor er zur Schule geht, während Betti ihre Brille braucht, um nicht blind wie eine Bisamratte zu sein. Nach dem Vorlesen des Abschnitts können die Kinder versuchen zu benennen, welcher Laut im Fokus stand, und weitere Begriffe mit dem gleichen Anfangslaut finden. „Kamfu mir helfen?" hingegen erzählt von einem Elefanten, der sich bei einem Sturz den Rüssel verstaucht hat und nun nicht mehr deutlich sprechen kann. Seine Aussprache klingt sehr nasal. Allein beim Zuhören der lustigen Geschichte haben Kinder ihren Spaß. Und wenn man dann noch gemeinsam deutlich wiederholt, was der Elefant wohl hatte sagen wollen, ist viel Freude garantiert.

LESE- & MATERIALTIPPS

→ Küspert, P./Schneider, W. (2018): Hören, lauschen, lernen. Sprachspiele für Kinder im Vorschulalter. Würzburger Trainingsprogramm zur Vorbereitung auf den Erwerb der Schriftsprache. Göttingen: Vandenhoeck & Ruprecht.
→ Kulot, D. (2018): Wir sind erste Klasse! Ein ABC zum Schulanfang. Stuttgart: Thienemann.
→ Maar, P. (2007): Jaguar und Neinguar. Hamburg: Oetinger.
→ Redaktionsteam Verlag an der Ruhr (2019): Bildkarten zur Sprachförderung. Silben. Mülheim: Verlag an der Ruhr.
→ Schmidt, B./Schmidt, D. (2009): Kamfu mir helfen? München: Antje Kunstmann.
→ Metzger, P. (2020): Lustige Mitmachreime für die Kita. Freiburg: Herder.

Materialien
→ Preuß, C./Ruge, K. (2009): Leise Alltagsgeräusche. Geräusche-CD mit 30 Bildkarten. Mülheim: Verlag an der Ruhr.
→ Liste mit Minimalpaaren unter https://skolnet.de/liste-mit-minimalpaaren/ (letzter Zugriff: 19.10.2021).

Spiele
→ „Soundtracks", Kuenen (Spiel mit CD zu den Geräuschen des Alltags; nur noch antiquarisch)

7 ERZÄHLKOMPETENZ

„Eine gut erzählte Geschichte macht aus Ohren Augen" – dies besagt zumindest ein chinesisches Sprichwort. Und jeder, der schon einmal eine packend erzählte Geschichte gehört hat, wird um die magische Wirkung einer solchen wissen. Fachkräfte, die Kindern gern und oft Geschichten erzählen, nehmen auf die Entwicklung des Wortschatzes und der Grammatik positiven Einfluss. Die Kinder hören Wörter und Sätze, verarbeiten diese und prägen sie sich bestenfalls ein – genau wie beim Vorlesen. Allerdings können sich viele Kinder auf frei erzählte Geschichten besser einlassen und sich länger darauf konzentrieren – aus unterschiedlichen Gründen:

1) Beim Erzählen lässt sich einfacher Blickkontakt halten als beim Vorlesen. Somit kann der/die Erzähler*in eine bessere Bindung zu den Zuhörer*innen aufbauen und merkt auch eher, wenn ein Wort oder eine Wendung nicht verstanden wurde.

2) Kinder lassen sich während des Erzählens spontaner einbeziehen und zu der Geschichte zurückholen, etwa durch Verständnisfragen oder durch die Frage, wie es weitergehen könnte. Beim Vorlesen eines Buchs ist der/die Leser*in an Text und Bilder gefesselt, wohingegen er/sie beim Erzählen frei und flexibel ist.

3) Nicht zuletzt ist die Erzählsprache eine andere als die Schriftsprache. Sie ist in der Regel einfacher und somit verständlicher, beinhaltet aber dennoch Wortformen und Satzstrukturen, die in der Alltagssprache nicht vorkommen wie z. B. das Präteritum: „Ich aß einen Apfel" hört man umgangssprachlich kaum jemanden sagen. Normal ist: „Ich habe einen Apfel gegessen." Ein*e Geschichtenerzähler*in jedoch verwendet das Präteritum fast standardmäßig, wie auch schon die typische Anfangsformel „Es war einmal …" zeigt.

Die folgenden Impulse geben pädagogischen Fachkräften Anregung zum Erzählen von Selbsterlebtem (Erzählen im weiteren Sinne) und von erfundenen Geschichten (Erzählen im engeren Sinne) und zeigen, wie man Kinder zu beidem motivieren kann.

LERNZIELE

- selbst erlebte Ereignisse erzählen
- erfundene Geschichten verstehen
- fiktive Geschichten erfinden und erzählen können, auch in verschiedenen Dialekten oder Sprachen

FÜR SIE IN DEN BILDUNGSPLAN GESCHAUT

Niedersachsen: „Sprachliche Bildung hat durch das Konzept der ‚Literacy' in jüngster Zeit eine Erweiterung erfahren. Literacy steht für die Begegnung mit dem geschriebenen Wort, mit Buchstaben und Zeichen und für den Gebrauch der Sprache im fiktionalen Sinne, d. h. Sprache zu verwenden für Ausgedachtes, Vorgestelltes: Beim Geschichten erzählen und Vorlesen, Reime schmieden und Bilderbuchbetrachten werden nicht nur interessante Inhalte vermittelt, sondern auch kognitive Fähigkeiten wie Abstraktionsvermögen und Vorstellungskraft geschult. Zu lernen, dass Buchstaben und Zeichen etwas ‚bedeuten' und spielerisch damit umzugehen ist eine gute Vorbereitung auf den Erwerb der Schriftsprache" (S. 21).

Saarland: Aufgaben für die pädagogischen Fachkräfte. Im Alltag der Kita, z. B.:

• Regelmäßig erzählen und vorlesen in Kleingruppen, auch in den Familiensprachen der Kinder unter Einbeziehung mehrsprachiger Kolleginnen oder Familienmitglieder" (S. 102).

Thüringen: „Konkrete Lernangebote aus individueller Perspektive: Möglichkeiten der mündlichen Kommunikation können erweitert werden, indem […]:
- gemeinsam philosophische Gespräche geführt werden (‚mit Kindern/Jugendlichen philosophieren')
- Ideen zum Erzählen mit Mindmapping und Brainstorming weiterentwickelt und Erzählsituationen ritualisiert werden
- Gedichte und Geschichten in szenische Darstellungen umgesetzt werden
- bekannte Geschichten umgestaltet und spielerisch umgesetzt werden (Schattentheater, Puppentheater, darstellendes Spiel, Pantomime)
- Sprechübungen mit Hilfe eines Spiegels, einer Digitalkamera, eines Kassettenrecorders aufgezeichnet und dann diskutiert werden

Unterstützende Interaktionen und Kommunikationsformen: Mündliche Kommunikationsfähigkeit kann unterstützt werden bei […]:
- dem Erzählen von Reihum- bzw. Fortsetzungsgeschichten im Stuhlkreis
- der Partnerarbeit, z. B. beim Erraten von mündlich beschriebenen Gegenständen
- der Koordination gemeinsamer Tätigkeiten in der Partner- und Kleingruppenarbeit sowie beim Stationslernen
- Expertengesprächen an Lernorten außerhalb der Schule
- der Durchführung von Umfragen unter Schüler_innen auf dem Schulhof oder unter Passanten auf der Straße
- Gesprächen mit Autor_innen über Texte und Bücher
- dem Nacherzählen von Geschichten, Filmen, Hörbüchern
- dem Erzählen zu Bildvorlagen
- der Aneignung von Wörtern und häufigen sprachlichen Wendungen aus Familiensprachen der Mitschüler_innen" (S. 61).

Hamburg: „Eltern mit anderen Herkunftssprachen sollten ermutigt werden, mit ihren Kindern die Sprache(n) zu sprechen, in denen sie sich selbst am meisten ‚zu Hause' fühlen. Mütter und Väter, die von Geburt an viel mit ihren Kindern sprechen, die ihnen Geschichten erzählen, ihnen Bücher vorlesen und ihnen zeigen, dass sie selbst gerne lesen, sind wirksame Sprachvorbilder. Sind die Kompetenzen des Kindes in der Familiensprache altersgemäß entwickelt, verfügt es über gute Voraussetzungen für das Erlernen der Zweitsprache Deutsch" (S. 68).

Berlin: „Beim Erzählen, gemeinsamen Nachdenken oder dem Philosophieren erleben Kinder, wie Gedanken zu einem zusammenhängenden Text, einer spannenden Geschichte verbunden werden können. Indem sie in wechselnden Rollen zuhören und selbst erzählen, lernen sie, Ereignisse in ihrem zeitlichen Ablauf und in ihren räumlichen Verhältnissen sprachlich wiederzugeben" (S. 103).

IMPULSE

1 Erzählen mit der Erzählkiste

Da Kinder Erzählkompetenz nicht automatisch erwerben, sondern erst erlernen müssen, sollte die pädagogische Fachkraft das Erzählen regelmäßig in den Alltag integrieren. Eine gute Möglichkeit stellt die „Erzählkiste" dar: Die Fachkraft fordert die Kinder auf, je einen Gegenstand in eine bereitgestellte Holzkiste oder in einen Schuhkarton zu legen. Somit legen sie fest, worum es in der Geschichte gehen wird. Zu einem passenden Zeitpunkt im Tagesablauf wird die Kiste geöffnet. Zu den Gegenständen erzählt nun die Fachkraft eine zusammenhängende Geschichte. Wichtig ist, dass sie beim Erzählen den Aufbau einer Geschichte vermittelt und den Kindern Strukturen weitergibt, damit diese selbst die Fähigkeit zu erzählen erwerben. So eignet sich die Märchenformel „Es war einmal …" auch für den Anfang einer nicht märchenhaften Geschichte. Auch Reihungen schaffen Struktur und lassen sich als wiederkehrendes Muster verwenden, z. B.: „Das erste Kind malte wunderschön und wurde Malerin, das zweite Kind liebte das Lesen und schrieb später Bücher, das dritte Kind hingegen aß für sein Leben gern und lernte den Beruf des Kochs." Diese Muster sind wichtige Hilfsmittel, wenn die Kinder später selbst eine Geschichte erzählen möchten. Die „Erzählkiste" kann thematisch variiert werden, indem die Fachkraft den Kindern Richtlinien für die Auswahl der Gegenstände vorgibt: etwa Gegenstände, die

- man in der Küche braucht,
- mit „F" anfangen,
- blau sind usw.

Auf diese Art lässt sich der Wortschatz thematisch und zielgerichtet erweitern.

2 Über vertraute Dinge sprechen

Natürlich sollen Kinder nicht dauerhaft ausschließlich zuhören, sondern selbst ins Erzählen kommen. Für Kinder mit wenig Erzählerfahrung ist es meist einfacher, damit anzufangen, von Dingen oder Ereignissen zu erzählen, die sie kennen bzw. selbst erlebt haben. Deshalb sind z. B. Fotos von Urlauben oder Ausflügen sowie Spielsachen oder Gegenstände, die von zu Hause mitgebracht wurden, gute Einstiegsanlässe.

3 Wimmelbuchfiguren zur Inspiration

Damit die Kinder lernen, sich von dem Selbsterlebten zu lösen und mit Sprache zu spielen, können einzelne Bilder aus Wimmel- oder Bilderbüchern als Grundlage für die Geschichte verwendet werden. Oft ist es hilfreich, wenn die pädagogische Fachkraft den Anfang macht und die Hauptperson der Erzählung benennt: „Das ist Paul. Paul wollte gerade zum Spielplatz gehen, als …" Jetzt können die Kinder einsteigen und sich an dem Geschehen auf den Bildern orientieren.

4 Geschichten aus der Tüte

Wenn Kinder schon echte Erzählprofis sind, eignet sich die Methode der Tütengeschichten. Die Fachkraft steckt kleine Gegenstände oder Bildchen in eine Papiertüte und bindet ein Schleifchen darum. Jedes Kind erhält nun eine Tüte und darf zu ihrem Inhalt eine eigene Geschichte erfinden. Hierfür sind aber schon sehr gute Sprachkenntnisse und viel Erzählerfahrung nötig. In einer harmonierenden Kleingruppe können die Kinder auch versuchen, ihre Geschichten miteinander zu kombinieren und daraus eine einzige zusammenhängende Geschichte zu machen.

5 Erzählbücher

Bücher sind ein besonders guter Ausgangspunkt für eigene Erzählungen.

- „Frag mich!“ von Antje Damm regt z. B. dazu an, Kinder ihre Gedanken und Erfahrungen erzählen zu lassen. Auf jeder Seite des Buches findet sich eine Frage mit einem dazu passenden Bild. Dieses Buch ist sehr gut für Erzählanfänger*innen geeignet, weil es auch kurze Antworten ermöglicht.
- „Stell dir vor …“ von Nick Sharratt und Pippa Goodhart setzt ebenfalls am eigenen Erleben der Kinder an. Große Doppelseiten zeigen neben einer Impulsfrage wie „In welchem Bett würdest du gern liegen? Erzähle warum!“ viele Alternativen, aus denen Kinder ihre Lieblingsvariante auswählen und darüber erzählen dürfen.
- „Was war hier bloß los?“ von Gerda Muller vollzieht den Alltag eines Kindes anhand seiner Fußspuren nach und regt zum Erzählen an. Die meisten Kinder erkennen darin ihren eigenen Alltag wieder und können sich daher auf ihre eigenen Erlebnisse berufen.
- „Wie geht's weiter?“ von Andreas Röckener bietet zu fantasievollen Bildern jeweils einen Geschichtenanfang, der weitergeführt werden kann. Die Kinder benötigen allerdings aufgrund der ungewöhnlichen Illustrationen eine gute Erzähl- und Sprachkompetenz, da sie kaum auf eigene Erfahrungen zurückgreifen können.
- „Oje, was nun?“, ein Bildkarten-Set von LingoPlay, stellt eine Geschichte in verschiedenen Szenen dar. Die abgebildeten Situationen lassen mehrere Möglichkeiten zu, wie es weitergehen könnte. Die Kinder können entweder eigenständig weitererzählen oder sich an weiteren Bildkarten orientieren. Die Karten fördern nicht nur die Erzählkompetenz, sondern auch das problemlösende Denken.

6 Geschichtenwürfel bauen

Gemeinsam mit den Kindern bastelt die Fachkraft Erzählwürfel. Sie bekleben einen Blanko-Holzwürfel von mindestens zwei Zentimeter Kantenlänge mit Fotos verschiedener Schauplätze wie z. B. Zimmer, Spielplatz, Wald, Unterwasserwelt, Weltall usw. Auf einen zweiten Würfel kleben sie Hauptpersonen der Geschichte, etwa einen Prinzen, eine Polizistin, ein Kind, einen Drachen, einen Zauberer usw. Der dritte Würfel wird mit Bildern von Gegenständen bestückt, die in der Geschichte eine Rolle spielen sollen: z. B. ein Handy, ein Fahrrad, eine Schatzkiste, ein Zauberstab usw. Ein vierter Würfel entscheidet schließlich über die Art der Geschichte. Verschiedene Emojis – lachend, weinend, angstvoll usw. – geben vor, ob es eine lustige, eine traurige oder eine gruselige Geschichte wird. Sind alle Würfel gestaltet, dürfen die Kinder loslegen. Die gewürfelten Bilder geben jeweils den Inhalt der Geschichte vor. Der Schwierigkeitsgrad variiert je nach Anzahl der Würfel und Art der Abbildungen.
Wer nicht selbst basteln will, kann auch Geschichtenwürfel kaufen. Diese gibt es von verschiedenen Verlagen im Buch- oder Spielehandel – mit thematischen Schwerpunkten (z. B. Märchen, Gespenster oder Piraten), aber auch mit aus TV und anderen Medien bekannten Figuren und Geschichten.

7 Erzählen in vielen Sprachen

Haben pädagogische Fachkräfte die Möglichkeit, Geschichten auch in anderen Sprachen als Deutsch zu erzählen bzw. von Kindern erzählen zu lassen, sollten sie das nutzen: Vielleicht gibt es in der Einrichtung

- Kinder, die in ihrer Erstsprache eine Geschichte einbringen können?
- Fachkräfte, die ihre eigenen Sprachkenntnisse nutzen und Geschichten mehrsprachig erzählen?
- Kinder oder Fachkräfte, die Dialekte sprechen können? Vielleicht spricht dann eine Figur aus der Geschichte Bayrisch oder Hessisch?

Ziel ist, Kinder neugierig auf Sprachen zu machen, ihr Interesse an noch fremden Lauten zu wecken und nur durch den Klang und die nonverbale Sprache, also Mimik, Gestik, Körpersprache und Betonung, auf den Inhalt schließen zu können (s. Kapitel 12).

8 Geschichten verschenken

Aus Erzähl- kann auch Schriftsprache werden. Fachkräfte fordern die Kinder auf, ihnen mithilfe der bereits vorgestellten Impulse Geschichten zu erzählen und dann zu diktieren. Etwas einfacher ist es, die Erzählungen der Kinder (nach Absprache, ggf. auch mit den Eltern) simultan mit einem Aufnahmegerät aufzunehmen und danach zu verschriftlichen. Daraus entstehen vielleicht sogar eine individuelle „Kita-Geschichten-Sammlung“ oder eben sehr persönliche Geschenke für die Eltern. Auch als Abschiedsgeschenk für die Schulanfänger*innen sind Geschichten eine schöne Idee.

Elterntipp:

Vertraute Gegenstände

Auch Eltern erzählen gern! Vor allem, wenn die pädagogische Fachkraft darum bittet, beim nächsten Kennenlern-Nachmittag oder Elternabend einen Gegenstand mitzubringen: z. B. einen,

- der für die Familie eine große Bedeutung hat,
- der aus dem Heimatland der Familie stammt,
- der für das Kind besonders wichtig ist.

Zu diesem Gegenstand darf jede Familie etwas erzählen. Dann wird klar, wie viel besser man jemanden kennenlernt, wenn man ihn mit einer kleinen Geschichte verbindet.

9 Dialoge mit Handpuppen

Auch und gerade stillere, zurückhaltende Kinder verlieren schneller ihre Scheu vor dem Sprechen, wenn sie sich mit Puppen statt mit echten Personen unterhalten. Daher eignen sich Handpuppen besonders gut, um Kinder zum Erzählen zu bringen. Die Kinder können mit verteilten Rollen gemeinsam Dialoge und Geschichten entwickeln oder schon bekannte Geschichten aus Bilderbüchern nacherzählen. Die Handpuppe kann dabei von der Fachkraft oder auch einem Kind gesprochen werden.

10 Kamishibai

Eine besondere Methode des bildgestützten Erzählens ist das Kamishibai. Das ursprünglich aus Japan stammende Papiertheater arbeitet mit einem Holzrahmen, der sich mit passenden Bildkarten bestücken lässt. Rahmen und Karten fürs Erzähltheater lassen sich im Fachhandel kaufen. Achten Sie darauf, einen Rahmen zu nehmen, aus dem sich die Bildkarten seitlich herausziehen lassen. Dies entspricht eher dem japanischen Original als ein nach oben geöffneter Rahmen und schafft beim langsamen Herausziehen der Karten mehr Spannung, weil nur ein Teil des Bildes zu sehen ist. Eine Alternative ist die Erzählschiene: Hier können die Kinder die benötigten Figuren und die Kulisse einer Geschichte selbst malen, ausschneiden und in der Erzählschiene platzieren bzw. bewegen, während sie die Geschichte dazu erzählen.

LESE- & MATERIALTIPPS

→ Damm, A. (2012): Frag mich! Braunschweig: Moritz.

→ Dziubak, E. (2016): Ein Jahr im Wald. München: arsEdition.

→ Goodhart, P./Sharratt, N. (2020): Stell dir vor … Ein Wimmelbilderbuch zum Geschichten erfinden. München: Dorling Kindersley.

→ Hensgen, A./Rodriguez, B. (2011): Der große Hund. Wuppertal: Peter Hammer.

→ Mari, I. (2007): Ein Baum geht durch das Jahr. Braunschweig: Moritz.

→ McLelland, K. (2018): Ich erzähl dir die Welt. Naturgeschichten ohne Worte. München: arsEdition.

→ Muller, G. (2008): Was war hier bloß los? Ein geheimnisvoller Spaziergang. Weinheim: Beltz & Gelberg.

→ Nordqvist, S. (2019): Spaziergang mit Hund. Hamburg: Oetinger.

→ Röckener, A. (2010): Wie geht's weiter? Bilder & Geschichten zum Weiterspinnen. Braunschweig: Moritz.

→ Rodriguez, B. (2008): Der Hühnerdieb. Wuppertal: Peter Hammer.

Materialien

→ Kamishibai, z. B. von Don Bosco

→ Erzählschiene, z. B. von Don Bosco

→ Geschichtenwürfel, z. B. von Moses

→ Story Cubes, z. B. von Huch!

Spiele

→ „Oje, was nun? Freies Erzählen und problemlösendes Denken", LingoPlay

→ „Plappersack! Kompakt", Trialogo

→ „Der verdrehte Sprach-Zoo", Ravensburger (selbst erfundene Geschichten werden von einem Kind erzählt und von einem anderen wiedergegeben)

→ „Sprechdachs", Huch & Friends (Sammlung von Sprach- und Erzählspielen)

→ „Dixit", Libellud (Bildkarten mit ansprechenden Motiven zum kreativen Erzählen)

8 REIME

„Was du hier liest, ist kein Gedicht, ist endlos lang und reimt sich nicht" (Maar 2007, S. 7). Gedichte, Lieder und Fingerspiele sind häufig ein fester Bestandteil des pädagogischen Alltags. Fast alle Kinder haben große Freude an den – meist gereimten – Texten, die je nach Ausdrucksform in Kombination mit Melodien und Bewegung daherkommen. Fingerspiele, Tischsprüche und Lieder wirken sich daher positiv auf die Sprechfreude aus und animieren oft auch Kinder zum Mitsprechen, die sich ansonsten noch keine oder nur wenig sprachliche Beteiligung zutrauen. Reime schaffen also sehr leicht einen Zugang zur Sprache und zum Sprechen. Sie können auch eine Art Türöffner in den pädagogischen Alltag bzw. die Kita sein, wenn sie in der jeweiligen Erstsprache des Kindes eingebracht werden. Auch die Wortschatzentwicklung profitiert vom häufigen Gebrauch von Reimen. Werden doch in Liedern oder Gedichten bestimmte Wörter oder sogar Satzanfänge ständig wiederholt und können sich im Kopf des Kindes verankern, besonders wenn eine passende Bewegung dazu gemacht wird.

Sogar eine positive Auswirkung auf die Grammatik entsteht durch das häufige Einbringen gereimter Sprache. So stellt die Sprache im Lied oder Gedicht ein Bindeglied zwischen Umgangssprache und Schriftsprache dar. Erkennbar ist das an der Zeitform des Präteritums, das in der gesprochenen Sprache nur sehr selten vorkommt. In der Schriftsprache hingegen schon, was der folgende mündlich überlieferte Kinderreim beispielhaft zeigt: „Sechs kleine Gespenster kamen durch das Fenster. Eins verschwand unter der Bank. Ein anderes wurde richtig krank ..."

Gerade Kinder, die sich noch am Anfang des Sprach- bzw. Deutscherwerbs befinden, können durch gereimte Texte Zugang zur (deutschen) Sprache finden. Schließlich werden Rhythmus und Betonung im Lied oder Gedicht besonders gut transportiert (s. Kapitel 6). Sich in eine Sprache „einzuhören" ist eine wichtige Voraussetzung, um diese selbst sprechen zu können. Darüber hinaus zählt die sprachliche Ausdrucksform des Reims zum Kulturgut. Klassiker wie „Das ist der Daumen ..." gehören quasi zur Allgemeinbildung und werden oft von Generation zu Generation weitergegeben. Die Fachkraft sollte Reime und Lieder aber nicht nur anbieten, sondern Kinder auch dazu ermutigen, sprachlich kreativ zu werden und selbst Reime zu erfinden. Dies fällt den meisten Kindern zunächst schwer. Daher ist es sinnvoll, das Reimen erst anzubahnen und Schritt für Schritt zu erweitern.

LERNZIELE

- Freude an Reimen und am Reimen entwickeln
- Rhythmus und Betonung der (deutschen) Sprachen verinnerlichen
- Sprache als Ausdrucksform von Kreativität entdecken

FÜR SIE IN DEN BILDUNGSPLAN GESCHAUT

Saarland: „Aufgaben für die pädagogischen Fachkräfte. Im Alltag der Kita, z. B.: [...] Gedichte, Zungenbrecher, Reime einführen und Kinder anregen, selbst welche zu machen, auch in den Familiensprachen" (S. 102).
Ebd.: „Sach-Kompetenz: Sprache gelöst vom unmittelbaren Kontext verwenden: von Erlebnissen berichten, Geschichten erzählen, Gedichte und Reime selbst machen, anderen erzählen, was man zu einer Frage herausgefunden hat" (S. 105).

Nordrhein-Westfahlen: „Durch gemeinsames Singen und Musizieren, durch das Sprechen von Versen und (Abzähl)-Reimen erfahren die Kinder Brauchtum und Kulturgut. Damit einhergehen Offenheit zur Begegnung mit anderen Kulturen, aber auch eine Stärkung des eigenen kulturellen Bewusstseins" (S. 104).

Hessen: „Von besonderer Bedeutung für den Beginn des Lesenlernens und für das Erlernen von Schriftsprache bzw. Rechtschreibung ist die Entwicklung der ‚phonologischen Bewusstheit' – die Fähigkeit, die Lautstrukturen gesprochener Sprache wahrzunehmen (Reime, Silben, einzelne Laute)" (S. 67).

Bayern: „Kreativität zeigt sich durch originellen Ausdruck in motorischen, sprachlichen, musikalischen und gestalterischen Bereich. Die pädagogische Fachkraft ermuntert das Kind, Reime zu erfinden, phantasievolle Geschichten zu erzählen, nach eigenen Vorstellungen zu malen, selbst erfundene Melodien zu singen, auf einem Musikinstrument zu spielen oder sich rhythmisch zu Musik zu bewegen" (S. 47 f.).

IMPULSE

1 Reime erkennen und variieren

Zur Vorbereitung des Themas „Reime" sollte die pädagogische Fachkraft die Kinder zunächst damit vertraut machen, indem sie auf die Besonderheiten des Reims hinweist. Dafür ist es nötig, möglichst viele Reime in unterschiedlicher Form in den Alltag einzubringen und auf zufällige Reime aufmerksam zu machen. Vielen Kindern ist gereimte Sprache – ohne dass es ihnen wirklich bewusst wäre – nicht fremd. Produkte, die für Kinder gedacht sind, werden im Fernsehen oder Radio oft in Reimen mit klaren Rhythmen beworben. Auch die Intros von Fernsehserien für Kinder weisen oft gereimte Texte auf. Und natürlich kennen viele Kinder Reime schon sehr früh durch Tischsprüche, Gebete oder Abzählverse. Wenn Kinder auf zufällig produzierte Reime mit einem „Das reimt sich ja!" reagieren, ist das das beste Zeichen dafür, dass sie verstanden haben, was „reimen" bedeutet. Der Einstieg gelingt relativ einfach, wenn die Fachkraft auf Vertrautem aufbaut, z. B. auf ein bekanntes Lied. Besonders geeignet sind Lieder, deren Melodie einfach und deren Text viele Variationen zulässt wie etwa: „Zeigt her eure Füße, zeigt her eure Schuh". Hier wiederholt sich das „Zeigt her" der Anfangszeile sowie später „sie waschen", und zwar ganze sechs Mal. Gemeinsam mit den Kindern sucht die Fachkraft nun ein anderes Verb und fügt es in den Text ein. Das neue Wort darf ruhig humorvoll oder vermeintlich unpassend sein, da es für viele Kinder den Spaßfaktor erhöht.

2 Neue Strophen erfinden

Wenn die Kinder schon etwas geübter sind, kann man sie ganze Strophen erfinden lassen. Die Fachkraft sollte dabei bekannte Lieder einsetzen und zusätzlich mit Bildern arbeiten. Besonders geeignet ist das Buch „Die Affen rasen durch den Wald …" von Pina Gertenbach. Hier findet sich das Lied „Meine Oma fährt im Hühnerstall Motorrad". Die dazugehörenden Abbildungen bieten viele Ideen, wie man das Lied um eigene Strophen ergänzen kann wie z. B.: „Meine Oma hat ein Krokodil, das bügelt, das bügelt, das bügelt, meine Oma hat ein Krokodil, das bügelt, meine Oma ist 'ne ganz patente Frau." Da es kein festgelegtes Reimschema zu beachten gilt und die erfundenen Strophen nur in die Melodie passen müssen, ist es nicht besonders schwer, eigene Texte zu erfinden. Ebenso gut eignen sich viele andere Lieder mit einfachen Melodien dafür.

Daraus kann dann werden:

- „Die Meike, die Meike, die spielt so gern mit Heike. Fiderallala …"
- „Im Morgenkreis, im Morgenkreis, da sprechen wir besonders leis. Fiderallala …"

3 Reimwörter raten

Am einfachsten ist der Einstieg in das aktive Reimen mit Kindern, wenn die Fachkraft sie Reime erraten lässt, und zwar lediglich die letzten Wörter davon. Zur Unterstützung kann sie für die fehlenden Begriffe die betreffenden Gegenstände aus einer Kiste holen und sie zeigen:

- „Scheint uns die Sonne auf die Stirn, holen wir 'nen Sonnen(schirm)."
- „Will ich morgens meine Ruh, werf auf den Wecker ich 'nen (Schuh)."

4 Eigene Gedichte erfinden

Das Gefühl, eigene Gedichte zu erfinden, vermittelt die pädagogische Fachkraft Kindern am schnellsten durch ein vorgegebenes, möglichst einfaches Reimschema, z. B.: „Der Mann, der Mann, der kauft sich einen Kamm. Die Maus, die Maus, die wohnt in einem Haus." Noch einfacher wird die Reimfindung, wenn man Bildkarten mit passenden Reimwörtern auslegt, z. B. Memo-Karten. Auch die Bildkarten des Spiels „Die freche Sprech-Hexe" von Ravensburger oder die Bildkarten aus dem Buch „Hören, lauschen, lernen" von Petra Küspert und Wolfgang Schneider eignen sich gut. Arbeitet die Fachkraft lieber mit Melodien, empfiehlt sich das Lied „Ein Vogel wollte Hochzeit machen", das das oben genannte Reimschema in vielen Strophen aufgreift:

- „Der Sperber, der Sperber, der war der Hochzeitswerber. Fiderallala …"
- „Die Lerche, die Lerche, die bringt die Braut zur Kerche. Fiderallala …"

5 Reime gemeinsam fortsetzen

Für echte Profis eignet sich die „Fortsetzungsmethode". Die Fachkraft beginnt mit einem zweizeiligen Reim; dieser bildet dann die Basis für den darauffolgenden Reim. Das Kind, dem eine passende Fortsetzung einfällt, darf weitermachen. So entsteht ein Gedicht wie z. B. das folgende:

- „Es war einmal ein Haus, da wohnte eine Maus.
- Die Maus, die war sehr klein, trank Wasser aus dem Main.
- Im Main, da schwammen Kinder, daneben grasten Rinder.
- Die Rinder machten Muh und trugen bunte Schuh.
- Die Schuhe …"

ELTERNTIPP:

Reime für zu Hause

Die Fachkraft gestaltet ein Plakat mit dem jeweils aktuellen Lied oder Fingerspiel, das sie mit den Kindern gerade singt oder spricht, und hängt es im Eingangsbereich auf. Wenn die Vervielfältigung des Textes erlaubt ist, kann sie ihn kopieren, damit die Eltern auch zu Hause die Reime aus der Kita aufgreifen können.

6 Lustige Gedichte aus Tiernamen

Auch die folgende Methode richtet sich eher an die sprachlich schon sehr gewandten Kinder. Zunächst sammeln sie Tiernamen und dazu möglichst lustige Reimwörter, z. B. „Kuh – Stöckelschuh", „Schwein – fein", „Pinguin – Berlin". Die Fachkraft leitet das Gedicht – hier beispielhaft eines von Elisabeth Schmitz aus „Und vorne geht ein Elefant" – mit folgenden Worten ein: „Im Tierreich, ja, da ist was los! Was machen denn die Tiere bloß?" Jetzt fügen die Kinder ihre lustigen Reime hinzu: „Im Tierreich, ja, da ist was los! Was machen denn die Tiere bloß?

- Die Kuh trägt gerne Stöckelschuh."
- Das Schwein macht sich heut fein."
- Der Pinguin fährt nach Berlin"

(Schmitz 2016, S. 95).

7 Elfchen

Wenn Kinder in der Gruppe sich mit einem gereimten Gedicht schwertun, kann ein sogenanntes Elfchen eine Alternative sein. Das ist eine spezielle Gedichtform, die sich mit Sprache auseinandersetzt, aber nicht gereimt ist. Ein Elfchen besteht immer aus elf Wörtern in einer ganz bestimmten Anordnung: Die erste Zeile besteht aus einem Wort, die zweite aus zwei Wörtern, die dritte aus dreien, die vierte aus vieren und die fünfte wieder aus nur einem Wort. Das Wort in der ersten Zeile bestimmt das Thema des Gedichts, während die zweite, dritte und vierte Zeile dieses Wort genauer beschreiben. Das Wort in der fünften Zeile soll eine Arzt Fazit oder Zusammenfassung sein. Wenn die Fachkraft ein für die Kinder aktuelles Thema aufgreift und dazu passende Wörter mit ihnen sammelt, ist so ein Elfchen gar nicht so schwierig, z. B.:

„Hund
hat Pfoten
lieb und freundlich
kann auch laut bellen
Tier."

„Träume
kommen nachts
ich träume oft
gute und schlechte Träume
schlafen."

8 Gedichte als Geschenk

Schön ist es, wenn die Ergebnisse der Beschäftigung mit den Reimen nicht in Vergessenheit geraten, sondern aufgeschrieben werden und erhalten bleiben. Wenn die Kinder ihre selbst verfassten Gedichte mit eigenen Illustrationen versehen, kann die Fachkraft die bunte Sammlung zusammenheften oder binden lassen. So entsteht ein Kita-Gedichte-Buch, das gleichzeitig ein schönes Abschiedsgeschenk für Schulanfänger*innen ist, stellt es doch eine besondere Erinnerung dar. Auch das Verschenken einzelner Gedichte eines jeden Kindes, z. B. zum Muttertag, ist denkbar. Die Fachkraft kann auch mit den Gedichten samt Illustrationen eine Ausstellung ins Leben rufen oder jeweils den „Reim des Monats" prämieren.

9 Reime vertonen und bebildern

Wenn die Fachkraft in die Auseinandersetzung mit Reimen auch digitale Medien einbringen möchte, kann sie gemeinsam mit den Kindern deren Lieblingsgedichte verfilmen oder mit Fotos versehen. Zum jeweiligen Reim werden mit einer Kamera, einem Handy oder einem Tablet passende Fotos aufgenommen, ausgedruckt und mit dem dazugehörigen Text auf ein Papier aufgeklebt. So entsteht eine Art Bilderbuch. Gut möglich ist das z. B. mit dem Gedicht „Der Faden" von Josef Guggenmos. Es beschreibt, welche Form von Fisch bis Schlange der Faden annehmen kann. Auf den Fotos könnte der so beschriebene Faden in seinen unterschiedlichen Gestalten zu sehen sein. Damit ein Film entsteht, stellen die Kinder die Gedichte oder Lieder mit Figuren aus dem Puppenhaus o. Ä. nach, während ein Kind den Text spricht oder singt und ein anderes filmt.

10 Reimtheater

Der Buchmarkt bietet eine tolle Auswahl an gereimten Bilderbüchern. Bücher, die dabei mit sehr wenig, sich wiederholendem Text auskommen, können mit den Kindern szenisch dargestellt oder sogar in ein kleines Theaterstück verwandelt werden. Gut geeignet ist das Bilderbuch „Fünfter sein" von Ernst Jandl. Das darin enthaltene Gedicht beschreibt eine Situation, die jedes Kind kennt: das Warten darauf, endlich an der Reihe zu sein. Das Buch zeigt Spielzeuge im Wartezimmer eines Puppendoktors und variiert dabei folgenden Text: „Tür auf, einer raus, einer rein, fünfter sein." Je mehr Patient*innen nun das Wartezimmer verlassen, desto niedriger wird die Zahl (vierter sein, dritter sein...), bis es schließlich zum erlösenden „selber rein" kommt. Gemeinsam mit den Kindern kann man über Situation nachdenken, in denen man lästigerweise warten muss: an der Kasse im Supermarkt oder im Warteraum des Kinderarztes. Beim Nachstellen dieser Situationen sprechen die Kinder den Text und passen den Satz entsprechend ihrer Warteposition an. Requisiten wie ein voller Einkaufskorb oder Pflaster und Verbände erhöhen den Spaßfaktor.

LESE- & MATERIALTIPPS

→ Diepmann, R. (2013): Die besten 50 Fingerspiele. München: Don Bosco.
→ Gertenbach, P. (2019): Die Affen rasen durch den Wald ... Das große Lieder-Wimmelbuch. Stuttgart: Esslinger.
→ Haas. C. (2018): Das große Ravensburger Liederbuch. Ravensburg: Ravensburger.
→ Krüss, J. (2007): Ein Eisbär ist kein Pinguin. Das große James Krüss-Buch. Köln: Boje.
→ Krüss, J. (1958): Henriette Bimmelbahn. Köln: Boje.
→ Kunz, H. (Hrsg.) (2014): Voll verzwickt! Zungenbrecher für Kinder. München: Don Bosco.
→ Lobe, M./Weigel, S. (1972): Das kleine Ich bin Ich. Wien: Jungbrunnen.
→ Maar, P. (2007): Jaguar und Neinguar. Hamburg: Oetinger.
→ Metzger, P. (2020): Lustige Mitmachreime für die Kita. Freiburg: Herder.
→ Schmitz E. (2016): Und vorne geht der Elefant. O. O.: Braunbär Verlag.

Materialien

→ Empfehlenswerte, vielseitige, illustrierte Sammlung von Kindergedichten unter https://www.heilpaedagogik-info.de/kindergedichte.html (letzter Zugriff: 2.11.2021)
→ „Tiptoi", Ravensburger (audiodigitales Lern- und Kreativsystem)
→ „Tellimero", Betzold (sprechender Stift)
→ Trolli-Heft: „Phonologische Bewusstheit. Reime", Trialogo

Spiele

→ „Die freche Sprech-Hexe", Ravensburger

9 BILDERBÜCHER BETRACHTEN, VORLESEN UND DARÜBER SPRECHEN

„Vorlesen ist die Mutter des Lesens" (Johann Wolfgang von Goethe). Das gemeinsame Betrachten oder Vorlesen von Büchern gilt zu Recht als besonders geeignete Methode zum Aufbau von Sprache. Bücher fördern nicht nur die Entstehung eines abwechslungsreichen Wortschatzes, sondern helfen auch beim Erlernen der Grammatik. Gesprochene Sprache ist oft fehlerhaft, unvollständig und vergleichsweise einfach gehalten. Schriftsprache hingegen ist im Idealfall komplexer, regelkonform und einwandfrei. Dadurch bietet sie gerade im Bereich der Satzbildung und der Zeitformen vielfältige Lernmöglichkeiten.

Der große Vorteil von Büchern ist die Vielfalt an Themen und Illustrationsstilen, die für jedes Interesse und jeden Geschmack garantiert die richtige Auswahl möglich machen. Ein Buch allerdings, das lediglich im Regal steht oder das sich ein Kind allein ansieht, fördert nicht unbedingt die Sprache. Wie so oft kommt es auch bei der Beschäftigung mit Büchern darauf an, wie die pädagogischen Fachkräfte diese in den Alltag integrieren, sprachlich begleiten und gezielt zur Sprachförderung einsetzen. Nicht alle Kinder haben im Kita-Alter bereits einen Zugang zum Zuhören, zu Geschichten oder zu Büchern gefunden und können daher von den sprachfördernden Effekten noch nicht profitieren. Daher ist es ratsam, zunächst das Interesse an Büchern zu wecken – gerade bei Kindern, die im Elternhaus wenig schriftsprachliche Anregung erhalten.

Für den Einstieg in die Welt der Bücher und Geschichten eignet sich eine dialogische Bilderbuchbetrachtung. Hierfür kommen besonders Bücher ohne Text, Wimmelbücher, Bildwörterbücher oder Bücher mit dominanten, aussagekräftigen Bildern und Bildfolgen infrage. Zwischen Fachkraft und Kindern soll sich ein Dialog um die Buchinhalte bzw. Abbildungen entwickeln. Damit ist das Buch zunächst nur Mittel zum Zweck, um in den sprachlichen Austausch zu kommen. Der erfolgt dann in der Umgangssprache – und nicht in der Schriftsprache –, was es für schriftsprachlich unerfahrene Kinder einfacher macht.

Das klassische Vorlesen, bei dem der/die Vorleser*in aktiv und die Zuhörer*innen sprachlich eher passiv sind, eignet sich für solche Kinder, die bereits ein gutes Sprachverständnis haben und ihre Aufmerksamkeit bereits eine gewisse Zeit lang auf das Zuhören richten können. Sie können von der Schriftsprache im Bilderbuch profitieren und lernen, auch diese sprachliche Form zu verstehen und anzuwenden.

Natürlich sind auch Mischformen der dialogischen Bilderbuchbetrachtung und des Vorlesens möglich. Die Fachkraft kann während des Vorlesens eine Pause einlegen, um z. B. zu fragen, wie es weitergehen könnte. Sie kann aber auch die dialogische Bilderbuchbetrachtung um das Vorlesen einzelner kurzer Textpassagen ergänzen.

LERNZIELE

- Interesse an Büchern, am Betrachten von Illustrationen und am Zuhören entwickeln
- Bücher im Alltag zum Informationsgewinn nutzen, z. B. Bildwörterbücher oder Lexika
- Wortschatzerweiterung
- den Unterschied zwischen gesprochener und geschriebener Sprache erfahren
- mit Sprache kreativ umgehen

FÜR SIE IN DEN BILDUNGSPLAN GESCHAUT

Brandenburg: „Die Bilderbuchbetrachtung bietet dem Kind
- … intensive sprachliche Kommunikation mit Bezugsperson(en).
- … sprachliche Anregung im Hinblick auf Syntax, Wortschatz, Textverständnis,
- Geschichtenschema, Begegnung mit ‚literarischer' Sprache.
- … eine Einführung in Kulturtechniken (Buch und Schriftkultur, Literatur)
- … Lesefreude" (S. 15).

Hamburg: „Die Auseinandersetzung mit Medienerfahrungen der Kinder als Teil ihrer Lebenswirklichkeit gehört deshalb in die Kita. Erzieherinnen und Erzieher unterstützen sie dabei, Medien zu nutzen und ihre Inhalte zu verstehen sowie die damit verbundenen Gefühle, Erlebnisse und Phantasien zu verarbeiten" (S. 70).

Berlin: „Die Aneignung mündlicher, umgangssprachlicher Ausdrucksformen reicht für den weiteren Bildungswege eines Kindes nicht aus. Kinder sollen bereits vor dem Übergang in die Schule Mittel und Strukturen der deutschen Bildungssprache als Kommunikations- und Schriftkultur erwerben. Dabei lernen sie, Sprache als Gestaltungs- und Verständigungsmittel – unabhängig vom aktuellen Zusammenhang – einzusetzen und zu verstehen. Sie erkennen, dass Worte und Sätze der gesprochenen Sprache mit Schriftzeichen festgehalten und so bewahrt und übermittelt werden können. Beim regelmäßigen, möglichst täglichen Vorlesen aus Bilderbüchern oder auch beim Dokumentieren im eigenen Sprachlerntagebuch erfahren Kinder, wie das flüchtige gesprochene Wort durch Schrift eine feste, wiedererkennbare Form bekommt. Indem sie Erwachsenen beim Schreiben zusehen, erwächst ihr Wunsch, selber schreiben zu können, und sie experimentieren mit Schrift und schriftähnlichen Darstellungsformen" (S. 102 f.).

IMPULSE

1 Überall Bücher!

Leseecken in Kitas sind wunderbar, allerdings sollten Kinder jederzeit und überall Zugang zu Büchern haben. Wie wäre es mit einem Bücherbord auch im Bewegungsraum, Atelier oder Bauraum?Einfach die Auswahl der Bücher an das jeweilige Raumkonzept anpassen: Die zum Raum passenden Bücher erweitern den Wortschatz der Kinder durch das gemeinsame Anschauen oder Vorlesen dann themenspezifisch. Das Betrachten eines Buches über Gebäude lädt z. B. im Bauraum dazu ein, die Merkmale einer Villa, eines Hochhauses oder eines Reihenhauses zu benennen. Im Bewegungsraum überlegen die Kinder anhand eines Buches, was die Unterschiede zwischen Gehen, Laufen und Rennen sind.

2 Buchbetrachtung mit Hilfsmitteln

Wimmelbücher sind bei vielen Kindern besonders beliebt. Allerdings fällt es ihnen aufgrund der Fülle der Illustrationen auf den einzelnen Seiten oft schwer, die Aufmerksamkeit auf die gleichen Dinge, Menschen oder Tiere zu richten – was jedoch Grundvoraussetzung für den Dialog ist. Hier kann ein aus Pappe gebastelter Rahmen hilfreich sein. Auf die Buchseite gelegt stellt er nur einen Ausschnitt der Seite in den Fokus. Ein weiteres Hilfsmittel ist eine große beleuchtete Lupe; mit dieser sind Fachkraft und Kinder in der Lage, begrenzte Ausschnitte hervorzuheben, auch winzige Details zu erkennen und vor allem zu benennen. Außerdem steigt für viele Kinder die Begeisterung, wenn zusätzliche Anreize wie eine Lupe geboten werden.

3 Kinder wählen ihr Buch

Optimal ist es, wenn sich die Kinder selbst aussuchen können, welches Buch sie anschauen möchten. Daher sollte die Fachkraft abwarten, für welches Buch und welche Seite(n) sich die Kinder entscheiden. Ein Buch muss übrigens nicht zwangsläufig von vorn nach hinten betrachtet werden. Manchmal interessiert Kinder nur eine ganz bestimmte Seite, die sie immer wieder sehen oder hören wollen.

4 Fragetechniken für die Fachkraft

Um den Dialog anzuregen, muss die Fachkraft die richtige Fragetechnik anwenden. Wenig gesprächsfördernd sind geschlossene Fragen wie: „Ist der Hund in der Hundehütte?" oder „Frisst der Hund einen Knochen?". Sinnvoller sind für diesen Zweck offene Fragen wie: „Was siehst du auf dem Bild?" oder „Was passiert denn hier so?". Dadurch hat das Kind die Möglichkeit, ausführlichere Antworten zu geben und sich Themen nach dem eigenen Interesse auszusuchen.
Die richtige Fragetechnik macht es auch möglich, neue Wörter einzuführen, in einen Zusammenhang zu bringen und im Gehirn zu verankern.

Dafür bildet die Fachkraft unvollendete Fragesätze mit den drei Schlüsselwörtern „hat", „kann" und „ist". Formuliert sie eine Frage mit

- „hat" wie z. B. „Der Hund hat ...?", antworten Kinder meist mit Nomen wie „Fell", „einen Schwanz" oder „Hunger".
- „kann" wie z. B. „Der Hund kann ...?", beziehen sich die Antworten meist auf Verben, also „rennen", „bellen" oder „fressen".
- „ist" wie z. B. „Der Hund ist ...?", fallen Kindern oft Adjektive ein, etwa „schwarz", „groß" oder „hungrig".

Ist der Wortschatz der Kinder noch nicht groß genug, um die Sätze weiterzuführen, gibt die pädagogische Fachkraft die Wörter vor: „Ja, da ist ein Hund! Der Hund hat vier Beine und dichtes Fell, er kann bellen und ist hungrig." Ein weiterer Lerneffekt dieser Fragetechnik ist die häufige Wiederholung einzelner (Schlüssel-)Wörter, in diesem Fall „Hund".

5 Rituale für das Vorlesen

Das klassische Vorlesen im Tagesablauf fest zu verankern, ist allein schon deshalb sinnvoll, damit es in der Fülle der Angebote und Aktionen im Kita-Alltag genügend Beachtung findet. Ist es in einen bestimmten Ablauf eingebettet, wird es zu einem beliebten Ritual. Dies kann schon beim Zusammenrufen der Kinder beginnen, etwa wenn die Fachkraft akustische Signale einsetzt. Dazu eigenen sich eine Trommel, eine Klangschale oder ein bestimmtes Lied. Auch ein visueller Impuls kann dazu einladen, wenn z. B.

- die Fachkraft den „Vorlese-Hut" aufsetzt,
- eine Schnur in den Vorleseraum führt,
- ein Hula-Hoop-Reifen den Einstieg in die „Buchwelt" markiert.

Zur Einstimmung eignen sich außerdem Reime oder Fingerspiele. Nach dem Vorlesen kann die Fachkraft ein zum Buch passendes Spiel anbieten oder kreativ mit den Kindern arbeiten. So wird zum einen das Vorlesen für Kinder spannend und zugänglich, zum anderen fallen bestimmte Begriffe immer wieder in verschiedenen Zusammenhängen. Holt die pädagogische Fachkraft alle Kinder mit einem Hut auf dem Kopf zum Vorlesen, singt sie das Lied „Mein Hut, der hat drei Ecken" und liest sie das Buch „Fritz Ferkel" von Axel Scheffler, bei dem es maßgeblich um Hüte geht, so wird kein Kind den Raum verlassen, ohne dieses Wort gelernt zu haben.

6 Vorbereitung auf das Vorlesen

Im Vorfeld der Vorlesezeit gilt es zu überlegen, ob im ausgewählten Buch unbekannte oder missverständliche Wörter vorkommen. Die Fachkraft sollte sich darüber im Klaren sein, wie sie diese Wörter erklären will bzw. ob und welche passenden Gegenstände, Bildkarten oder Methoden es gibt, um die Bedeutung des Wortes darzustellen und zu verdeutlichen. Dabei können ihr auch sprachgewandte Kinder behilflich sein. Erklärt sie potenziell schwierige Begriffe am Anfang des Vorlesens, können die Kinder dem Verlauf der Geschichte besser folgen.

7 Kinder in das Vorlesen einbeziehen

Die Fachkraft sollte das Vorlesen regelmäßig unterbrechen, um mit den Kindern ins Gespräch zu kommen. Idealerweise zielen ihre Fragen auf das persönliche Erleben der Kinder ab, z. B.: „Wann hattest du schon einmal Angst?" oder „Wer von euch kann erzählen, warum er sich mal versteckt hat?". Wörter, die mit persönlichen Gedanken und Erfahrungen in Verbindung gebracht werden, merken sich Kinder (und Erwachsene) besonders gut. Die Unterbrechung kann auch dazu dienen, die Kinder raten bzw. erzählen zu lassen, wie die Geschichte weitergeht oder wie sie gehandelt hätten. Dürfen Kinder bestimmte Textstellen mitsprechen, hilft ihnen das dabei, Aufmerksamkeit und Konzentration zu halten. Dies funktioniert besonders gut, wenn sich im Text Wiederholungen finden wie der Schlusssatz „… aber satt war sie noch immer nicht" in „Die kleine Raupe Nimmersatt". Passende Mimik und Gestik helfen, die Wörter und Sätze besonders gut im Gedächtnis zu behalten. Diese dienen dann als „Beispielsätze", an deren Struktur sich die Kinder orientieren können, wenn sie ähnliche Sätze bilden möchten (s. auch Kapitel 4 zum Thema Satzbau).

8 Nacherzählen in Schriftsprache

Im Anschluss an das Vorlesen können die Kinder versuchen, die Geschichte nachzuerzählen oder sie mit einem anderen Ende neu zu erzählen. Dies erfordert allerdings schon ein hohes Maß an sprachlicher Kompetenz. Viele Kinder mögen es, wenn man ihre Geschichte aufnimmt und sie sich ihre Erzählung später noch einmal anhören können. Auch ein „Kinderdiktat" eignet sich als sprachbildende Aktivität. Die Fachkraft stattet sich mit Papier und Stift aus und notiert, was die Kinder über die Geschichte zu sagen haben. Sie wird bald feststellen, dass Kinder, die schon Erfahrung mit Büchern haben, beim Diktieren fast schon in die Schriftsprache verfallen.

9 Bücher ohne Text

Viele Bücher für Kinder unter 6 Jahren haben gar oder fast keinen Text, wie z. B. „Der große Hund" von Béatrice Rodriguez und Andrea Hensgen oder „Die Torte ist weg!" von Thé Tjong-Khing. Die Fachkraft muss Bücher dieser Art eher „vorerzählen" als vorlesen. Allerdings kann es eine spannende Aufgabe sein, gemeinsam mit den Kindern einen passenden Text zu entwerfen und diesen in das Buch zu schreiben oder beschriebene Blätter einzulegen. Alternativ kann sich die Fachkraft auch auf das Aufschreiben von Dialogen beschränken: Was sagt eine Person wohl zu der anderen? Das funktioniert auch mit Wimmelbüchern. In diesem Fall schneiden die Kinder Sprechblasen aus weißem Papier aus, die die Fachkraft beschriftet und in das Buch klebt oder legt. Wenn die Sprechblasen laminiert werden, lassen sie sich mit abwaschbaren Stiften beschreiben und immer wieder verwenden. Somit kann sich jedes Kind eigene Figuren aus einem Wimmelbild auswählen und eigene Dialoge oder Ausrufe dazu erfinden. Was sagt ein Mann, der gerade auf einer Bananenschale ausgerutscht ist? Was sagt eine Frau zu einer anderen, wenn sie dabei auf ein Auto zeigt? Die Kinder können auch Sprechblasen mit einem willkürlichen Text versehen („Heute ist ein schöner Tag!") und danach schauen, wo der Text hinpassen könnte (zu dem Jungen im Freibad).

10 Buch-Casting

Alles, was Interesse an Büchern weckt, fördert auch Sprache. Aktionen rund ums Buch sind daher Türöffner in die Welt der Geschichten. Viele Kinder im Vorschulalter kennen aus dem Fernsehen Castingshows – und damit das Prinzip dieses Impulses. Die Fachkraft wickelt den Kindern (noch) unbekannte Bücher in Zeitungs- oder Packpapier ein, sodass das Cover nicht mehr zu sehen ist. Die Kinder bilden die Jury und erhalten dafür jeweils eine grüne und eine rote Karte. Die Fachkraft liest den Anfang des Buches vor. Anschließend stimmt die Jury darüber ab, ob das Buch in die nächste Runde kommt. Natürlich müssen die Jurymitglieder ihre Bewertung durch die Top- oder Flop-Karte begründen: „Mir hat der Buchanfang gefallen, weil er spannend war." Kindern, die sprachlich noch nicht so gut formulieren können, gibt die Fachkraft den Anfang einer Bewertung vor, damit auch diesen die Beteiligung möglich ist.
In der zweiten Runde des Castings zeigt die Fachkraft das Cover des Buches. Auch hier stimmt die Jury ab und begründet, was an dem Cover gefällt, interessiert oder eben auch nicht ansprechend ist. Das Buch, das nach der zweiten Abstimmung die meisten grünen Karten hat, gewinnt. Das Buch-Casting ist eine wunderbare Gelegenheit, Sprache zur Formulierung der eigenen Meinung zu verwenden. Die Idee stammt von dem Projekt „Lesescouts" der Stiftung Lesen in Mainz und wurde auf die Altersgruppe Kinder unter 6 angepasst.

ELTERNTIPP:

Buchtauschbörse

Eine Buchtauschbörse in der Bring- und Abholzeit ist eine gute Gelegenheit, um auch den Fokus der Eltern auf Bücher zu lenken. Jedes Kind darf ein Buch von zu Hause mitbringen und gegen einen „Buch-Tausch-Bon" eintauschen. Für diesen Bon darf es sich dann ein neues Buch mit nach Hause nehmen. Natürlich können auch Bücher in anderen Sprachen getauscht werden – oder Bücher für Erwachsene.

11 Ein eigenes Buch erstellen

In praktisch jeder Kita vorhanden sind sogenannte Bildwörterbücher, also Bücher, in denen sich auf jeder Seite meist thematisch sortiert Abbildungen verschiedener Gegenstände finden, die es zu benennen gilt. Mithilfe von Fotografien kann ein solches Bildwörterbuch selbst hergestellt werden. Dafür werden alle im Kita-Alltag relevanten Gegenstände abfotografiert, ausgedruckt und in ein Buch mit leeren Seiten geklebt. Gemeinsam mit den Kindern überlegt die Fachkraft:

- „Wie nennen wir die Dinge, die wir fotografiert haben?"
- „Zeigt das Bild z. B. die Garderobe oder den Haken?"
- „Sieht man einen Abfalleimer oder einen Papierkorb?"
- „Was ist der Unterschied zwischen einem Glas und einem Becher?"

Dabei setzen sich nicht nur die Kinder mit Wörtern und Sprache auseinander. Auch die Fachkraft reflektiert ihre Sprache. Besteht die Möglichkeit, das Buch zu vervielfältigen, kann es für neue Familien einen guten Einstieg in die Kita darstellen – sowohl für Familien, in denen wenig Deutsch gesprochen wird, als auch für Familien mit Deutsch als Erstsprache. Denn auch hier können Wörter abweichen. So kennt ein Kind von zu Hause den Begriff „Badezimmer", hört in der Kita aber vielleicht „Waschraum".

LESE- & MATERIALTIPPS

→ Jandl, E. (2001): Fünfter sein. Weinheim: Beltz & Gelberg.
→ Carle, E. (2015): Die kleine Raupe Nimmersatt. Hildesheim: Gerstenberg.
→ Tipps zu Aktionen rund um das Buch (s. Impuls 9) unter https://www.stiftunglesen.de/loslesen/lesetipps-und-aktionsideen (letzter Zugriff: 14.8.2021).
→ Die Vorlesestudie unter https://www.stiftunglesen.de/ueber-uns/forschung/studien/vorlesestudie (letzter Zugriff: 14.8.2021) thematisiert, wie häufig bzw. selten Kindern zu Hause vorgelesen wird.

Materialien
→ Lupe
→ Papprahmen

10 MEMO-SPIELE

„Was man vergisst, hat man im Grunde nicht erlebt" – im Umkehrschluss bedeuten Ernst R. Hauschkas Worte: Was im Gedächtnis bleibt, hat Bedeutung und somit auch einen gewissen Nutzen. Ein Spiel, das besonders mit Erinnerungen arbeitet, ist das Memo-Spiel in seiner klassischen Spielweise. Es gibt viele Gründe, warum fast alle Kinder gern Memo-Spiele spielen und diese in so gut wie jeder Einrichtung vorhanden sind, z. B.:

- verfügen sie nur über wenige und besonders einfache Spielregeln,
- bieten sie eine unendlich große Auswahl an Bildkarten zu den verschiedensten Themen,
- erhöhen sie die Siegchancen von Kindern gegenüber Erwachsenen ungemein.

Auch zur Sprachbildung und Sprachförderung ist ein Memo-Spiel bestens geeignet. Die Bildpaare sind so vielfältig einsetzbar, dass sie über die typische Spielvariante hinaus etliche weitere Spielmöglichkeiten bieten und damit Sprache für Kinder zwischen 2 und 10 Jahren erlebbar und erinnerbar machen. Ein Memo-Spiel ist auch ein gutes Beispiel dafür, dass Sprachbildung und Sprachförderung nicht zwingend teure, spezialisierte Materialien erfordern. Weitaus sinnvoller ist es, vorhandenes, bekanntes Material zu verwenden – nur eben in neuen Varianten und mit unterschiedlichen Schwerpunkten im Hinblick auf das Bildungsthema Sprache. Unter Einbindung weiterer vorhandener Hilfsmittel, wie etwa Spielfiguren, Fliegenklatschen, Sanduhren und Würfel, lassen sich – idealerweise gemeinsam mit den Kindern – neue Spielideen entwickeln. Denn der sprachbildende und sprachfördernde Effekt entsteht in der Regel nicht durch das Spiel oder das Material, sondern dadurch, dass die Fachkräfte das Spiel sprachlich anleiten und begleiten und die Kinder so in den Dialog bringen. Die folgenden Impulse rund um das Memo-Spiel beziehen sich auf alle Ebenen der Sprachkompetenz: auf den Wortschatz, die Grammatik, die Aussprache, das Sprachverständnis und die Kommunikation. Übrigens: Das Memo-Spiel steht in diesem Kapitel zwar im Fokus; viele der hier vorgestellten Impulse lassen sich mit etwas Kreativität aber auch auf andere Spiele mit einfachen Grundregeln beziehen.

LERNZIELE

- den Wortschatz um Ober- und Unterbegriffe erweitern
- die Artikel („der", „die", „das") und die Ein- bzw. Mehrzahl von Nomen lernen
- freies Sprechen und kreativer Umgang mit Sprache
- Auseinandersetzung mit den Unterschieden und Gemeinsamkeiten von Erst- und Zweitsprache

FÜR SIE IN DEN BILDUNGSPLAN GESCHAUT

Baden-Württemberg: „Alle Kinder in Krippe und Kindergarten haben von Anfang an ein Anrecht auf Sprachbildung, Spracherziehung und Sprachförderung und damit auf gezielte Erweiterung ihres Sprachvermögens. Dazu brauchen sie eine sprachanregende Umgebung, Bücher, und vor allem aber Menschen, die mit ihnen reden, singen und ihnen Geschichten erzählen und vorlesen." (Teil B, 3.3).

Bayern: „Sprachkompetenz – Ein funktionaler, dynamischer Kompetenzbegriff.
Sprachkompetenz ist ein komplexes Phänomen, mit verschiedenen Dimensionen. Gängig ist die Unterteilung in: Artikulation, Wortschatz, Grammatik, Sprachverständnis, kommunikative Kompetenz" (S. 196).

Sachsen: „Je weiter das Sprachvermögen entwickelt ist, desto besser ist die Gedächtnisleistung. Kinder müssen erst lernen, wie man etwas behält, abruft und mit neuem Wissen verknüpft" (S. 144).

IMPULSE

1 Memo-Karten benennen

Die einfachste Möglichkeit, ein Memo-Spiel zu nutzen, ist sicher die Benennung der Bilder auf den aufgedeckten Karten, denn dies fördert den Wortschatz. Sollten die Kinder die passenden Worte noch nicht zur Verfügung haben, benennt die pädagogische Fachkraft die Dinge auf den Karten. Ansonsten fordert sie die Kinder auf, die Gegenstände zu nennen, und gibt – falls erforderlich – ein sogenanntes „korrigierendes Feedback", indem sie die Worte noch einmal korrekt wiederholt oder ergänzt, z. B.: „Ja, das ist ein Hund. Er hat ein weiches Fell und vier Pfoten."

2 Oberbegriffe finden und Kategorien bilden

Das Memo-Spiel eignet sich auch gut für die Einführung von Oberbegriffen. Unabhängig von der eigentlichen Spielvariante des Paare-Findens lassen sich die Bildkarten nach vorher festgelegten Kategorien ordnen, z. B. nach Tieren, Fahrzeugen, Pflanzen usw. Bei jeder Karte überlegen die Kinder gemeinsam, zu welchem Oberbegriff diese passt. Die Schnecke gehört zu den Tieren, das Auto zu den Fahrzeugen und der Apfelbaum zum Oberbegriff Pflanze. Das Bilden von (sprachlichen) Kategorien funktioniert alternativ auch, wenn die Kinder die Bildkarten

- nach Hintergrundfarben sortieren („Wir legen alle Karten mit einem blauen Hintergrund auf einen Stapel").
- nach allem, was sich bewegen kann, sortieren (Auto, Katze, Bäume). Hier kommen oft spannende Gespräche zustande: Kann sich ein Baum wirklich bewegen?
- als Gegensatzpaare ordnen, z. B. für vorgegebene Adjektive wie „klein und groß" („warm und kalt", „hell und dunkel" usw.). Richtig wäre hier, einen Hund zu „klein" und ein Schiff zu „groß" zuzuordnen. Richtig wäre aber auch, den Hund zu „groß" und den Frosch zu „klein" zuzuordnen. Diese Zuordnungen stellen vielerlei Sprechanlässe dar.

Elterntipp:

Memos für zu Hause

Ein Memo-Spiel als Geschenk oder zum Ausleihen bereithalten. Die pädagogische Fachkraft erklärt den Eltern, worauf es beim Spielen ankommt und wie wichtig die sprachliche Unterstützung zu Hause ist. In welcher Sprache gespielt wird, ist dabei egal. Hauptsache ist, dass gesprochen (und gelacht) wird.
Beim Erstellen eines selbst gemachten Memo-Spiels kann man die Eltern sehr gut einbeziehen. Mehrsprachige Eltern können eine muttersprachliche Übersetzung von Begriffen liefern. Oder jede Familie steuert ein gemeinsames Bild aller Bezugspersonen des Kindes bei. So kann man die Vielfalt von Familienmodellen, die es in der Kita gibt, deutlich machen.

3 Kinderheld*innen im Memo-Spiel

Ein Memo-Spiel kann auch eine gute Gelegenheit sein, um mit Kindern über ihre Medienvorlieben und Medienerfahrungen ins Gespräch zu kommen. So gibt es zu zahlreichen Disney-Filmen (z. B. „Cars", „Frozen", „Paw Patrol", „Pepper Pig") das passende Memo-Spiel, die neben der bekannten Spielweise auch die Möglichkeit bieten, die Kinder über ihre Lieblingsfilme und Lieblingsheld*innen erzählen zu lassen. Und selbst Bilderbuchfiguren gibt es in der Memo-Version, so etwa Axel Schefflers und Julia Donaldsons „Grüffelo", Eric Carles „Kleine Raupe Nimmersatt" oder Astrid Lindgrens „Pippi Langstrumpf". Viele Memo-Spiele spezialisieren sich auf Themenschwerpunkte, z. B. Fahrzeuge, Meerestiere oder Märchenfiguren. Liegt das Interesse des Kindes bei einem bestimmten Thema, können Memo-Karten den Wortschatz ganz spezifisch erweitern.

4 Artikel mitsprechen

Sicher denkt man bei Memo-Spielen nicht zuerst an Grammatik. Dennoch sind sie auch für die Förderung dieses Bereichs sehr gut einsetzbar. Beim Benennen der Bildkarten sollte die Fachkraft darauf achten, dass die Kinder nicht nur „Telefon" oder „ein Schiff" zu sagen, sondern den bestimmten Artikel mitsprechen. Gerade mehrsprachige Kinder sollten die bestimmten Artikel möglichst oft nennen, um sich diese einprägen und die Regeln erschließen zu können. Es kann daher sinnvoll sein, die Bildkarten vorher zu sortieren und z. B. nur Karten mit weiblichen Wörtern herauszusuchen, um deren Ähnlichkeiten bzw. Gemeinsamkeiten deutlich werden zu lassen. Außerdem muss die Fachkraft auch ihr eigenes Sprechverhalten anpassen. Sagt sie z. B.: „Toll, du hast den Hund gefunden", hört das Kind den Artikel in seiner deklinierten Form im Akkusativ („den Hund"). Äußert sie hingegen: „Toll, der Hund ist da!", kann sich das Kind den Artikel in seiner Grundform einprägen.

5 Plural lernen

Perfekt einführen und benennen lässt sich beim Memospielen natürlich auch der Plural. Wann immer ein Pärchen gefunden wurde, sollte der Plural des Gegenstands genannt werden, entweder von dem Kind selbst oder von der pädagogischen Fachkraft: „Wunderbar, du hast zwei Katzen gefunden!"

6 Geschichten erzählen

Für Kinder, die bereits über gute Sprachkenntnisse verfügen, eigenen sich Memo-Karten auch zum Geschichtenerzählen. Dafür werden die Karten gemischt und auf einen Stapel gelegt. Das erste Kind nimmt die oberste Karte vom Stapel und spricht einen Satz zu dem Bild, also z. B.: „Gestern bin ich spazieren gegangen und kam an einem großen Apfelbaum vorbei, an dem dicke, rote Äpfel hingen." Danach wird die zweite Karte gezogen und dazu ein Satz gesprochen. Daraus können lustige Geschichten entstehen, die die Fachkraft auch aufschreiben und mit selbst gemalten Bildern der Kinder ergänzen kann (s. Kapitel 7).

7 Neue Wörter bilden

Nicht immer müssen Wörter eine Bedeutung haben. Manchmal ist es ausreichend, wenn Kinder den Klang der Wörter einfach genießen. Die Kinder sitzen im Kreis, eines darf eine Karte auswählen und in die Mitte legen. Nun sollen alle Kinder Reimwörter finden, die aber nicht zwingend eine Bedeutung haben müssen. So zählen als Reime auf „Hund" z. B. auch „Lund", „Schrund" oder „Klund". Quatschwörter können aber auch entstehen, indem zwei Memo-Karten ausgelegt werden und die Kinder daraus ein neues Wort bilden. Aus „Hund" und „Hut" wird dann „Hundehut", aus „Schiff" und „Schlange" eine „Schiffsschlange". Da die deutsche Sprache über zahlreiche Komposita, also zusammengesetzte Hauptwörter wie z. B. „Handschuh" oder „Vogelhaus" verfügt, ist dies eine gute und vor allem lustige Übung, um das Prinzip der Komposita zu durchschauen. Bei Kindern, die schon über einen großen Wortschatz und intuitives Wissen über Komposita verfügen, können auch gezielt „echte" Wörter gesucht werden, bei denen das abgebildete Wort den ersten Teil darstellt. Zum Beispiel könnte das Wort „Katzenklo" gefunden werden, wenn „Katze" als Anfangswort ausgewählt wurde.

8 Dinge beschreiben und erraten

Auch für ein Ratespiel sind Memo-Spiele gut geeignet. Die Karten werden gemischt und auf einen Stapel gelegt. Das erste Kind nimmt sich eine Karte. Hat es gute Sprachkenntnisse, beschreibt es sie, ohne den abgebildeten Gegenstand direkt zu nennen, also z. B.: „Auf meiner Karte ist ein Tier mit Fell und vier Pfoten. Es macht wau, wau." Wenn die Sprachkenntnisse eines Kindes noch nicht ausreichen, übernimmt die pädagogische Fachkraft das Erklären. Wer als Erste*r den Begriff errät, erhält die Karte. Eine einfachere Variante für jüngere oder sprachlich noch nicht ganz so fitte Kinder wäre, mehrere Karten gut sichtbar auf den Tisch zu legen und eine davon zu beschreiben. So ist es leichter, auf den gesuchten Begriff zu kommen.

9 Wörter in ihrer Struktur erfassen

Memo-Karten eignen sich auch zur Vorbereitung oder Unterstützung des Schriftspracherwerbs bei (Vor-)Schulkindern. So kann man die Karten nach verschiedenen Kategorien sortieren wie z. B. nach

- dem Anlaut des abgebildeten Gegenstands („Schiff", „Schnecke", „Schere" usw.)
- der Anzahl der Silben („Baum" und „Haus" auf den Einsilben-Stapel, „Feuer" und „Apfel" auf den Zweisilben-Stapel und „Feuerwehr" und „Apfelbaum" auf den Dreisilben-Stapel).
- der Länge der Wörter: „Hund" ist ein kurzes Wort, „Zirkusclown" ein vergleichsweise langes. Hier zeigt sich, ob Kinder wirklich in der Lage sind, die Form bzw. den Klang des Wortes von seiner Bedeutung zu trennen. Denn ein reales Schiff ist zwar ein sehr großer Gegenstand, das Wort an sich jedoch ist nur ein kurzes und der „Buntstift" – obwohl kleiner als ein Schiff – ein längeres.

10 Memo-Spiel selbst machen

Wie wäre es mit einem selbst gemachten Memo-Spiel? Auf den Bildkarten kann die Fachkraft alle Themen berücksichtigen, die gerade aktuell sind. Sie könnte z. B. ein Memo-Spiel basteln, das alle Kinder ihrer Gruppe zeigt. So können sich alle Kinder die (neuen) Namen besser einprägen. Oder die Bildkarten zeigen Räume und Abläufe der Einrichtung, damit die Kinder diese besser im Gedächtnis behalten. Auch thematische Memo-Spiele sind möglich, um einen Wortschatz für einen bestimmten Themenbereich zu erarbeiten. Vorschulkinder etwa arbeiten mit Bildkarten, die typische Schulgegenstände („Ranzen", „Turnbeutel", „Heft", „Schnellhefter", „Radiergummi"...) darstellen, um den Wortschatz der Kinder auf die bevorstehenden neuen Begriffe vorzubereiten.

11 Pantomime

Auch die nonverbale Sprache ist eine Sprache und kann mit einem Memo-Spiel gefördert werden. Die Kinder ziehen eine Karte vom Stapel und stellen den abgebildeten Gegenstand durch Bewegung, Mimik und/oder Gestik dar. Als Katze könnte das Kind auf allen vieren durch den Raum krabbeln, eine Lenk-Bewegung stellt ein Auto dar, die zur Blüte geformten Arme eine Blume. Die anderen Kinder dürfen raten, um welches Bild es sich handelt. Da auf Memo-Karten für gewöhnlich Nomen abgebildet sind, ist das eine gute Gelegenheit, die Nomen mit Verben zu verknüpfen und nach dem Erraten des gesuchten Wortes zu fragen:

- „Was kann man mit einer Blume machen?" – „Pflücken!"
- „Was kann eine Katze machen?" – „Mäuse fangen!", „Klettern!"

LESE- & MATERIALTIPPS

→ „Kinder memory", Ravensburger
→ „Mein erstes memory Fahrzeuge", Ravensburger
→ „Die kleine Raupe Nimmersatt Memo", Schmidt
→ „Disney Frozen II memory", Ravensburger
→ „Marvel Spider-Man memory", Ravensburger
→ „Meine schönsten Wimmelbilder Ali Mitgutsch memory", Ravensburger
→ „Pippi Langstrumpf Memospiel", Oetinger
→ „The Gruffalo memory Mini", Ravensburger
→ „Memo Kunterbunt", Selecta
→ „Leuchtmemo Zappenduster", plusgestaltung
→ Tolle Ideen zum Memospielen zur Sprachförderung gibt es auch auf www.pinterest.de und https://www.weinbrandt.com/phonologische-bewusstheit/ (letzter Zugriff: 8.11.2021).

11 GESELLSCHAFTS- UND REGELSPIELE

„Halte die Spiele der Kinder heilig und störe sie nicht. Denn in ihnen ist weder Torheit noch Müßiggang“. Was Frank Wedekind zum freien Spiel von Kindern geäußert hat, lässt sich sehr gut auch auf Gesellschaftsspiele bzw. Regel- und Kreisspiele beziehen. Denn solche Spiele sind mehr als bloße Beschäftigung. Vielmehr schaffen sie eine intensive Situation, in der sich eine meist begrenzte Anzahl von Kindern mit einer Fachkraft mit dem gleichen Thema – nämlich dem Spiel – beschäftigt und darüber kommuniziert. Beste Rahmenbedingungen also, um allgemein die Fähigkeiten zur Kommunikation, aber auch ganz konkret Wortschatz, Grammatik oder phonologische Bewusstheit zu fördern. Der Spielemarkt bietet eine große Auswahl an Spielen für verschiedene Alters- und Zielgruppen. Darunter finden sich auch zahlreiche Angebote sogenannter Sprachförderspiele. Dabei muss beachtet werden, dass die sprachbildende Wirkung in der Regel nicht entsteht, wenn die Kinder das Spiel allein oder gar „sprachlos“ spielen. Denn dann fehlen sowohl das Sprachvorbild als auch die Korrektur ihrer sprachlichen Äußerungen. Daher spielt die pädagogische Fachkraft hier eine enorm wichtige Rolle, indem sie das Spiel gekonnt sprachlich begleitet, die Aussagen der Kinder aufgreift und sie zum Sprechen anregt. So kann aus fast jedem Spiel ein Sprachförderspiel werden – auch aus solchen, die diesen Stempel nicht ausdrücklich auf der Verpackung tragen.

Beim Spielen können, ähnlich wie bei einer dialogischen Bilderbuchbetrachtung, alle Methoden der alltagsintegrierten Sprachbildung besonders gut eingesetzt werden und so zum Aufbau und zur Erweiterung von Sprache beitragen. Spiele können aber auch zur gezielten Sprachförderung, also mit einem vorher klar definierten Schwerpunkt, zum Einsatz kommen. Hierfür bedarf es oft nur einer kleinen Regeländerung oder des Einsatzes von zusätzlichem Material, wie es in Kapitel 10 am Beispiel des Memo-Spiels erklärt wurde.

LERNZIELE

- Regeln und Abläufe von Brettspielen sowie dazugehörige Begriffe kennenlernen
- Zahlwörter lernen
- Verwendung von Komparativ und Superlativ (Steigerungsformen)
- Sprachliche Bildung in den Bereichen Wortschatz, Grammatik und phonologische Bewusstheit

FÜR SIE IN DEN BILDUNGSPLAN GESCHAUT

Mecklenburg-Vorpommern: „Regelspiele bereiten den Kindern Freude und Vergnügen. Die Spielregel verhilft zur selbstständigen Gestaltung der Spiele durch alle Mitspielenden. Durch Regelveränderung kann das Spiel variiert werden. Die Kinder lernen, sich in dem Spiel ein- und unterzuordnen. Sie lernen neue Spiele kennen und sind fähig, die Spielregeln konsequent einzuhalten“ (Kapitel 2.1, S. 28).

Bremen: Auch Gruppenspiele fördern eine wichtige Fähigkeit. Sie verbinden körperliche Aktivitäten mit einem koordinierten Verhalten in der Gruppe. Indem die Spielenden eine abgesprochene Regel einhalten, bilden diese Spiele den Übergang vom körperlichen Ausagieren zum geregelten Verhalten bei Brett- und Gesellschaftsspielen“ (S.19).

Sachsen: „Die Zahlen haben in unterschiedlichen Ländern unterschiedliche Zeichen und ordnen dort das Miteinander der Menschen. Die indischen Ziffern werden anders dargestellt als die römischen Ziffern, die eigentlich Buchstaben sind, oder als die arabischen Ziffern. Auf dem Spielwürfel sind die Zahlen mit Punkten dargestellt und so bieten Brett- und Würfelspiele Möglichkeiten zur Aneignung von Zahlen" (S. 137).

Sachsen-Anhalt: „Pädagogische Fachkräfte nehmen sich nicht nur angemessen Zeit für Gespräche mit jedem Kind, sie schaffen auch Orte für regelmäßige gemeinsame Gespräche, wie z. B. Morgen- oder Mittagskreise. Hierbei werden auch Regeln für das Miteinandersprechen ausgehandelt. Gemeinsame Spiele wie Brett- oder Kartenspiele bieten Anlässe, um Spielregeln in Worte zu fassen und spezifische Begriffe zu erlernen" (S. 112).

IMPULSE

1 Spielmaterial benennen

Naheliegend ist, dass die Fachkraft zunächst alle Bestandteile des Spieles, das sie mit den Kindern spielen möchte, bewusst benennt: „Wir haben die Verpackung oder den Karton, den Spielplan, die Spielfiguren, die Würfel, die Spielanleitung für die Spielregeln usw." Es ist keinesfalls selbstverständlich, dass die Kinder diese Wörter kennen bzw. ein einheitliches Vokabular dazu haben. So werden die Spielfiguren oft auch als „Männchen" oder „Spielsteine" bezeichnet, der „Spielplan" heißt andernorts „Spielbrett" usw. Auch diese Unterschiede dürfen Gesprächsthema sein.

2 Schriftsprache im Regelwerk

Wenn die Fachkraft die Spielanleitung vorliest und sie Schritt für Schritt erklärt, ist das eine gute Gelegenheit, die Kinder mit Schriftsprache zu konfrontieren. Das Erklären der Regeln kann auch ein besonders sprachgewandtes Kind übernehmen – evtl. ergänzend zum Text. Alternativ kann die Fachkraft die Spielregeln mit allen Kindern besprechen und dann gemeinsam mit ihnen eine vereinfachte Formulierung finden. Wenn die pädagogische Fachkraft diese mitschreibt und bei den Spielregeln ablegt, ist die einfache Version auch beim nächsten Mal wieder nachlesbar.

3 Handlungsbegleitend sprechen

Wenn die Kinder noch keinen großen Wortschatz haben, kann die Fachkraft dessen Erweiterung mit dem sogenannten „handlungsbegleitenden Sprechen“ anregen: Die pädagogische Fachkraft beschreibt ihre oder die Handlungen des Kindes sprachlich und kann so neue Wörter in einem natürlichen Zusammenhang mehrfach wiederholen und in der Wortart variieren:

- „Ich bin dran! Wo ist der Würfel?
- Ich habe eine 3 gewürfelt.
- Dann gehe ich drei Schritte vor und gebe den Würfel an Paul weiter.“

Hier kann die Fachkraft zusätzlich indirekt die Technik vermitteln, wie man aus Nomen Verben ableitet: „Würfel – würfeln“.

4 Expansion der Wörter

Brettspiele eignen sich auch deshalb so gut für die Sprachbildung, weil die pädagogische Fachkraft in der Regel nur mit einer kleinen Gruppe von Kindern spielt. So ist es ihr möglich, auf jeden Gesprächsbeitrag einzugehen und diesen um neue Wörter, Inhalte oder grammatische Konstruktionen zu erweitern. Sagt ein Kind z. B.: „Paul ist dran“, könnte diese Erweiterung folgendermaßen aussehen: „Genau, Paul sitzt ja neben dir und wir spielen im Uhrzeigersinn.“ Diese Methode der alltagsintegrierten Sprachbildung nennt man Expansion.

5 „Mehr“ und „am meisten“

Beim Spielen eines Brettspiels eignen sich Kommentare zum jeweiligen Zwischenstand besonders, um den Komparativ und den Superlativ zu verwenden. Der Komparativ ist die erste Steigerungsform eines Adjektivs. Die Fachkraft sagt z. B.: „Pauls Männchen ist schon weit vorn, aber Silas' Figur ist noch weitergelaufen.“ Der Superlativ ist die höchste Steigerungsstufe: „Sibels Figur ist am weitesten vorgerückt.“ Auch beim Ermitteln des/der Gewinner*in kann die pädagogische Fachkraft Komparativ und Superlativ verwenden: „Paul hat viele Karten ergattert, aber Sila hat noch mehr. Sibel hat die meisten Karten, sie hat gewonnen.“

6 Sprach-Rätsel als Spielergänzung

Brettspiele mit grundsätzlich einfachen Spielregeln lassen sich gut in Spiele mit einem speziellen Sprachförderziel verwandeln. Geeignet sind z. B. „Tempo, kleine Schnecke“, „Lotti Karotti“ oder für etwas ältere Kinder auch „Mensch ärgere dich nicht“. Erforderlich ist nur die Einführung einer zusätzlichen Regel: Man darf die gewürfelte oder gezogene Augenzahl nur mit seiner Spielfigur gehen, wenn davor ein „Rätsel“ gelöst wurde. Diese Rätsel sind kleine Sprachaufgaben, die die pädagogische Fachkraft zuvor auf Kärtchen geschrieben und ggf. durch bereitgelegte Bildkarten oder Gegenstände ergänzt hat – je nach Sprachförderziel, Alter und Fähigkeiten der Kinder.

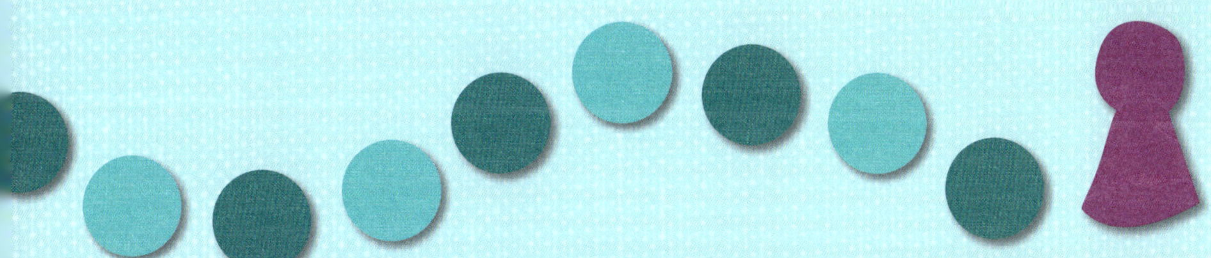

ELTERNTIPP:

Spiele aus der Kindheit

Brett- und Kreisspiele kennt jeder. Die Fachkraft bittet die Eltern, sich an die Spiele ihrer Kindheit zu erinnern und diese in der Kindergruppe vorzustellen. Auf diese Weise bezieht sie die Eltern ein, kann die Bedeutsamkeit von sprachlicher Begleitung beim Spielen hervorheben und nebenbei ihren eigenen Fundus an Spielideen erweitern. Besonders spannend sind die Spiele aus anderen Herkunftsländern. (Angelehnt an eine Idee von Elke Schlösser, vgl. Schlösser 2004, S. 110.)

Beispiele für den Bereich Wortschatz:

- „Was ist das Gegenteil von groß?"
- „Was fehlt hier: Messer, Löffel, …?"
- „Nenne mir drei Kleidungsstücke, die man anziehen kann!"
- „Beschreibe einen Elefanten!"
- „Was kann ich alles mit einem Apfel machen?"

Beispiele für den Bereich Grammatik:

- „Heißt es ‚der', ‚die' oder ‚das Apfel'?" (Artikel-Training)
- „Wie geht es weiter: ‚Heute esse ich einen Apfel, gestern …?'" (Übung der Zeitformen)
- „Ich habe eine Spielfigur, du hast fünf …" (Plural-Findung)
- „Wo liegt der Ball (unterstützt durch eine Abbildung)"? (Präpositionen verstehen)

Beispiele für den Bereich Mundmotorik/ Aussprache:

- „Kannst du mit der Zunge deine Nase berühren?"
- „Schneide eine lustige Grimasse!"
- „Summe wie eine Biene!"
- „Sprich mir nach: Fischers Fritze fischt frische Fische" (oder andere Zungenbrecher)

Beispiele für den Bereich phonologische Bewusstheit/Lautbewusstheit, z. B. für Schulanfänger*innen:

- „Finde ein Wort mit ‚A' am Anfang!"
- „Was reimt sich auf ‚Haus'?"
- „Klatsche die Silben zu dem Wort ‚Schmetterling'!"

7 Zuordnungsspiele

Es müssen nicht immer nur Brett- bzw. Gesellschaftsspiele sein. Es gibt auch Kreisspiele, die sich zur gezielten Sprachförderung einsetzen lassen. Insbesondere Zuordnungsspiele sind für den Wortschatzaufbau gut geeignet. Sie lassen sich außerdem ganz einfach umsetzen. Die Fachkraft benötigt eine Auswahl an verschiedenen Gegenständen, die sich jedoch nur teilweise einem Oberbegriff zuordnen lassen. Zunächst benennt und bespricht sie alle Gegenstände, klärt mit den Kindern, wann, wo oder wofür man sie braucht. Dann nennt sie einen Oberbegriff, z. B. „Spielzeug". Die Kinder legen nun die Gegenstände, die zu diesem Oberbegriff passen, auf die eine Seite; alle Gegenstände, die nicht zu diesem Oberbegriff passen, kommen auf die andere Seite. Eine Variante des Zuordnungsspiels liegt darin, dass die Kinder selbst zu einem genannten Oberbegriff Gegenstände oder Abbildungen suchen. Danach wird jeder Gegenstand benannt und besprochen: Passt er zu dem Oberbegriff? Warum oder warum nicht?

8 Ich sehe was, was du nicht siehst

… ist ein einfaches Ratespiel, bei dem ein Kind sich einen Gegenstand überlegt und dazu einen Hinweis gibt, z. B.: „Ich sehe was, was du nicht siehst, und das ist blau." Die anderen Kinder sollen diesen Gegenstand nun suchen und benennen. Dieses Spiel lässt sich aber auch so variieren, dass viele weitere sprachliche Aspekte abgedeckt werden können, nämlich

- **Farben:** „Ich sehe was, was du nicht siehst, und das ist … grün, rot, gelb, einfarbig, hellblau, dunkelrot, bunt" (s. Kapitel 2, Impuls 9).
- **Adjektive:** „Ich sehe was, was du nicht siehst, und das ist … groß, klein, gestreift, kariert, weich, hart, laut" (s. Kapitel 2, Impuls 9).
- **Präpositionen:** „Ich sehe was, was du nicht siehst, und das ist … in einem Schrank, über dem Sofa, neben dem Regal" (s. Kapitel 3).
- **Verben:** „Ich sehe was, was du nicht siehst, und das kann … fliegen, flattern, klingeln, auslaufen."
- **Partizipien/Passivkonstruktionen:** „Ich sehe was, was du nicht siehst, und das kann … festgehalten, gegessen, gestapelt werden."
- **Nomen:** „Ich sehe was, was du nicht siehst, und das hat … einen Deckel, einen Stiel, eine Tür."
- **Zahlen:** „Ich sehe was, was du nicht siehst, und das hat … vier Pfoten, sechs Knöpfe, acht Beine."
- **Reime:** „Ich sehe was, was du nicht siehst, und das … reimt sich auf Nase (Vase), klingt so ähnlich wie Haus (Maus)."
- **Komparative:** „Ich sehe was, was du nicht siehst, und das ist … kleiner als ein Käfer, weicher als das Kissen, breiter als das Sofa" (s. Kapitel 11, Impuls 5).
- **Superlative:** „Ich sehe was, was du nicht siehst, und das ist … der größte Gegenstand im Raum, die Wand mit den meisten Fenstern" (s. Kapitel 11, Impuls 5).
- **Vergangenheitsform:** „Ich sehe was, was du nicht siehst, und das … aßen wir bei unserem Ausflug, bemalten wir vorgestern, buken wir vor Weihnachten."
- **Zukunftsform:** „Ich sehe was, was du nicht siehst, und das … werden wir morgen mit nach Hause nehmen, wird nachher aufgegessen sein, wird noch wachsen."
- **Relativsätze:** „Ich sehe was, was du nicht siehst, und das ist … ein Kind, das lange Haare hat, ein Gegenstand, der grün ist, ein Tier, das Fell hat."

9 Spiele aus dem Handel

Im Handel gibt es zahlreiche Brettspiele, die den Fokus konzeptionell auf das Thema Sprachförderung legen. Für die Unterstützung der Mundmotorik eignen sich Pustespiele sehr gut, wie z. B. „Pustekuchen", das einfache Spielregeln und einen großen Spaßfaktor bietet. Mit einer zusätzlichen Stoppuhr kann die Fachkraft mit „Pustekuchen" ganze Turniere ausrichten: Wem gelingt es am schnellsten, die kleine Korkkugel in die Aussparung zu pusten? Wer schafft es sogar mit der schweren Holzkugel?

Fast schon ein Klassiker ist das Spiel „Die freche Sprech-Hexe“: Es fördert die phonologische Bewusstheit, denn es arbeitet mit Reimen und Minimalpaaren. Die Kinder lieben vor allem den im Spiel enthaltenen Hexenkessel, in dem Bildpärchen in Begleitung eines Zauberspruchs „versenkt“ werden.
„Tick Tack Bumm“ stellt die Aufgabe, innerhalb einer gewissen Zeitspanne Wörter zu einem Oberbegriff bzw. einer speziellen Situation, z. B. „Am Strand“, zu finden. Richtig wären hier: „Sand“, „Liegestuhl“, „Sonnenöl“, „Handtuch“ usw. „Können Schweine fliegen?“ ist zwar nicht als spezielles Sprachförderspiel gekennzeichnet, erweitert aber den Wortschatz rund um das Thema Tiere und ihre Eigenschaften.

10 Zahlen in vielen Sprachen

Würfelspiele bieten die Gelegenheit, die Zahlwörter anderer Sprachen einzubringen oder die Kinder aufzufordern, dies zu tun. Die Fachkraft vergleicht nun die verschiedenen Zahlwörter in Klang und Lautstruktur miteinander, indem sie fragt: „Welche Zahlen klingen ähnlich?“ (s. Kapitel 12). Mit Vorschulkindern kann sie auch die Schreibweise thematisieren.

LESE- & MATERIALTIPPS

- Bücken-Schaal, M./Heukamp, S. (2020): Die 50 besten Spiele zur alltagsintegrierten Sprachbildung. München: Don Bosco.
- Erkert, A. (2007): Sprachförderspiele. Freiburg: Christophorus (nur noch antiquarisch erhältlich).
- Gatzke, A. (2018): Sofort losspielen. 44 Karten mit Bewegungs-, Sprach- und Konzentrationsspielen. Weinheim: Beltz.
- Monschein, M. (2008): Die 50 besten Spiele zur Sprachförderung. München: Don Bosco.
- Schlösser, E. (2004): Zusammenarbeit mit Eltern – interkulturell. Aachen: Ökotopia.

Spiele

- „Die freche Sprech-Hexe“, Ravensburger
- „Fuchs und Hase“, MeterMorphosen
- „Hier wohne ich“, Ravensburger
- „Können Schweine fliegen?“, Kosmos
- „Lotti Karotti“, Ravensburger
- „Mensch ärgere dich nicht“, Schmidt Spiele
- „Nanu?“, Ravensburger
- „Pustekuchen“, Haba
- „Tempo, kleine Schnecke!“, Ravensburger
- „Tick Tack Bumm“, Piatnik

12 ERSTSPRACHEN EINBEZIEHEN

„A different language is a different vision of life" (Federico Fellini). Bisher haben sich fast alle Impulse dieser Sammlung zur Sprachbildung und -förderung auf die deutsche Sprache bezogen. Doch die Lebenswirklichkeit vieler Kinder ist nicht (mehr) einsprachig, falls sie das überhaupt jemals war. Familien, in denen mindestens ein, oft auch beide Elternteile eine andere Sprache als Deutsch sprechen, sind keine Ausnahmen – weltweit betrachtet sogar eher die Regel. Davon abgesehen nutzen viele Kinder schon im Kita-Alter (digitale) Medien, die sie mit weiteren Sprachen, häufig Englisch, in Kontakt bringen. Fremdsprachige Begriffe fließen auch in unseren Sprachgebrauch ein. Bei Reisen in andere Länder nehmen Kinder die dortigen Sprachen wahr. Spätestens in der Grundschule und der weiterführenden Schule kommen weitere Sprachen im Fremdsprachenunterricht hinzu. Und letztlich stellt auch der Gebrauch von Dialekten eine Form der Mehrsprachigkeit dar.

Wirklich einsprachig wächst also kaum ein Kind auf. Und das ist auch gut so, denn neuen Sprachen und Kulturen mit Offenheit und Neugierde zu begegnen, Kindern sprachliche Vielfalt näherzubringen – das ist ein Bildungsziel, das in allen Bildungsplänen verankert ist. Somit ist die Einbeziehung weiterer Sprachen nicht nur Auftrag von Einrichtungen, in denen viele mehrsprachige Familien sind, sondern Auftrag aller Bildungseinrichtungen. Das Ziel ist, Wertschätzung für alle Sprachen auszudrücken, Interesse an Sprachen zu wecken und Kinder neugierig auf andere Sprachen und Schriften zu machen. Mehrsprachig aufwachsende Kinder profitieren dann auch von dem Gefühl, dass „ihre" Erstsprache in der Kita willkommen ist; sie finden einen Teil ihrer Identität dort wieder. Haben sie die Chance, von der/dem Lernenden zum/zur Lehrenden zu werden, indem sie z. B. im Morgenkreis das Singen eines Liedes in der Erstsprache anleiten dürfen, stärkt das ihr Selbstvertrauen und letztlich auch ihre Motivation, die deutsche Sprache zu lernen. Sprachenvielfalt sichtbar, hörbar und erlebbar zu machen, hat also viele Gründe und viele Vorteile.

LERNZIELE

- (Selbst-)Bewusstsein für die eigene(n) Sprache(n) entwickeln
- Neugierde für unterschiedliche Sprachen ausbilden
- Wertschätzung für die eigene Erstsprache erfahren und für andere Sprachen zeigen können

FÜR SIE IN DEN BILDUNGSPLAN GESCHAUT

Hessen: „Das Kind erlebt und erfährt ein selbstverständliches Miteinander verschiedener Sprachen und Kulturen. Gleichzeitig hat es Interesse und Freude, andere Kulturen und Sprachen kennen zu lernen, zu verstehen und sich damit auseinanderzusetzen. Dadurch beschäftigt sich das Kind mit der eigenen Herkunft und reflektiert die eigenen Einstellungen und Verhaltensmuster" (S. 49).

Nordrhein-Westfalen: „Werden andere Erstsprachen in der Einrichtung wertgeschätzt, ist dies für alle Kinder eindrucksvoll und anregend. Insbesondere die mehrsprachig aufwachsenden Kinder erleben sich dabei kompetent und selbstwirksam. Für alle Kinder bedeutet diese Wertschätzung auch das Kennenlernen von anderen Sprachen und das Erleben von Vielfalt" (S. 92).

Thüringen: „Über Sprache nachzudenken kann unterstützt werden, indem:
• die sprachliche Heterogenität der Gruppe bewusst gemacht wird (Dialekte, verschiedene Erstsprachen und damit verschiedene Schriftsysteme)
• nicht nur für Kinder und Jugendliche mit nichtdeutscher Erstsprache, sondern gemeinsam mit allen die Bedeutung von Wörtern und von Texten erarbeitet und diskutiert wird und Verständnisprobleme nicht direkt von Erwachsenen aufgeklärt, sondern zunächst von den Kindern und Jugendlichen diskutiert werden" (S. 66).

Bremen: „Für Kinder, die Deutsch als Zweitsprache lernen, ist es wichtig, dass ihre Herkunftssprache im Alltag der Einrichtungen berücksichtigt und gewürdigt wird. Das stärkt ihr Selbstbewusstsein (etwa, indem sie mit den deutschen Kindern Wörter tauschen oder Lieder, Reime und dergleichen in ihrer Sprache gelernt werden). Zugleich beeinflussen die Kenntnisse in der Muttersprache den Erwerb einer Zweitsprache, die umso leichter gelernt wird, je sicherer die Herkunftssprache beherrscht wird" (S. 21).

IMPULSE

1 Sprachenvielfalt bewusst wahrnehmen

Der erste Schritt, verschiedene Sprachen in den pädagogischen Alltag einzubeziehen, besteht darin, dass sich die Fachkräfte der Sprachenvielfalt im Team, in der Elternschaft und unter den Kindern bewusst werden und diese thematisieren. Welche Sprachen sind in der Einrichtung vertreten? Welche Sprachen können wir darüber hinaus einbringen? Um die Mehrsprachigkeit der pädagogischen Fachkräfte sichtbar und für die Eltern transparent zu machen, können die Fotos der Fachkräfte mit einem Hinweis auf die jeweilige Erstsprache versehen und im Eingangsbereich aufgehängt werden. Falls nötig, auch in der dazugehörigen Schrift wie z. B.: „Ich spreche auch Russisch" auf Kyrillisch.

Russisch für „Sprache"

2 Sprachbiografien erstellen

Wichtig ist, (vorhandene) Sprachenvielfalt sichtbar zu machen. Hierfür eignen sich verschiedene Formen von Sprachbiografien. Eine Möglichkeit ist ein Sprachstundenplan der einzelnen Kinder. Die Fachkraft kann einen solchen gemeinsam mit den Eltern im Entwicklungsgespräch oder an Themennachmittagen/-abenden erstellen. Jede Sprache, mit der ein Kind konfrontiert ist, bekommt eine Farbe zugeteilt, z. B. Deutsch Grün und Russisch Rot. Der Sprachstundenplan umfasst sieben Wochentage und ist in verschiedene Tagesabschnitte, z. B. morgens, vormittags, mittags, nachmittags, abends, nachts, eingeteilt. Ein Punkt in der jeweiligen Farbe kennzeichnet, wann das Kind welche Sprache hört bzw. verwendet wie z. B. am Morgen Russisch, am Vormittag, Mittag und Nachmittag überwiegend Deutsch, weil es sich dann in der Kita befindet, am Abend wieder Russisch. Auf diese Weise wird nicht nur die Anzahl der verschiedenen Sprachen deutlich, sondern auch die Verteilung, Gewichtung und die Anzahl der Sprachwechsel im Alltag. Auch die Eltern können einen solchen Stundenplan für sich anfertigen. Vermeintlich einsprachige Eltern und Kinder können auch die Verwendung von Fremdsprachen, Dialekten oder sogenannten sprachlichen Registern eintragen. Darunter

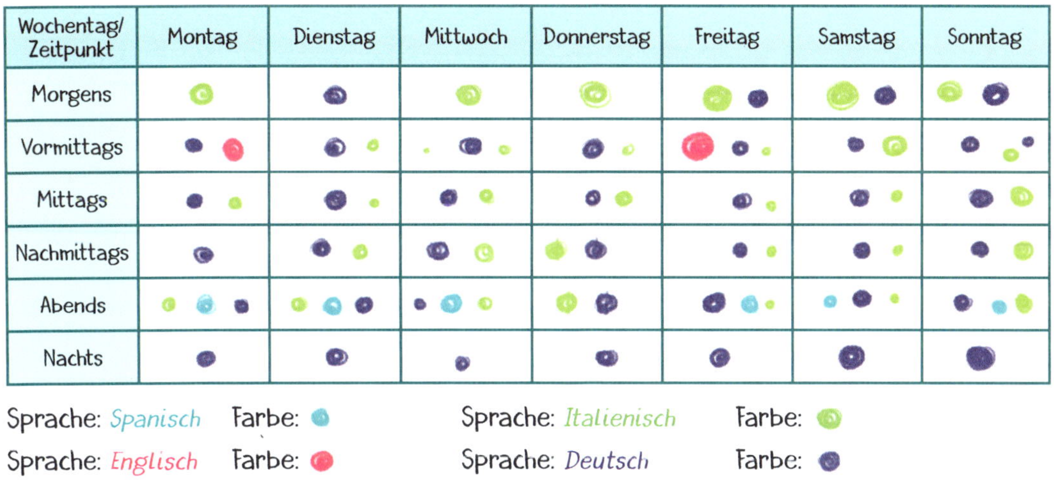

versteht man eine charakteristische Sprechweise, die in bestimmten Situationen verwendet wird. Zum Beispiel sprechen viele Menschen mit ihren Kindern anders als mit ihren Eltern, mit den Vorgesetzten anders als mit dem Steuerbüro und in der Freizeit anders als im Beruf. Die Sprachstundenpläne können – das Einverständnis der Familien vorausgesetzt – ausgestellt werden und so sichtbar machen, welche Sprachen und Formen von Mehrsprachigkeit in der Einrichtung vertreten sind. Eine Vorlage zum Ausdrucken bietet u. a. die Broschüre „Meine Sprachen und Kulturen" unter https://www.bezreg-koeln.nrw.de/brk_internet/publikationen/abteilung04/pub_abteilung_04_meine_sprachen_und_kulturen.pdf

3 Lieder und Verse in vielen Sprachen

Verschiedene Sprachen können durch Lieder, Fingerspiele oder Reime hörbar gemacht werden. Die Fachkraft wählt daher Lieder aus, die es in vielen Sprachen gibt, wie beispielsweise „Bruder Jakob" oder „Zum Geburtstag viel Glück", und singt diese mit den Kindern auch in anderen Sprachen als Deutsch. Nicht nur vergleichsweise „gängige" Sprachen wie Französisch oder Englisch sollten vertreten sein, sondern möglichst jede, die in der Gruppe bzw. Einrichtung vorkommt. Vielleicht können die fremdsprachigen Eltern die Liedtexte in ihrer Erstsprache beisteuern. „Musik ist Heimat" von Pit Budde und Josephine Kronfli sowie „Ein Schubidu geht um die Welt" von Hartmut Höfele und Susanne Steffe sind Liederbücher, die viele musikalische Anregungen aus zahlreichen Ländern bieten; beide sind zudem mit einer CD ausgestattet. In „Kinderverse in über 50 Sprachen" von Silvia Hüsler finden sich kurze Reime, Gedichte und Fingerspiele in verschiedenen Sprachen, immer mit einer Übersetzung, einer „Aussprechhilfe" und ebenfalls einer CD versehen. Darüber hinaus finden sich im Internet, speziell bei YouTube, zahlreiche mehrsprachige (Kinder- und Musical-)Lieder. Immer wenn sie Lieder, Reime und Fingerspiele in einer anderen Sprache einbringt, sollte die Fachkraft Kinder oder Eltern als „Expert*innen", die in ihrer Erstsprache helfen, anleiten, erklären und korrigieren können, den Vortritt lassen.

4 Verschiedene Schriftbilder einbringen

Sichtbar werden Sprachen vor allem durch Schriften. Auch wenn Kinder im Elementarbereich selten schon lesen können, so erkennen sie dennoch vertraute Zeichen, Symbole und Buchstaben. Das gleiche Buch in unterschiedlichen Sprachen und Schriften erregt daher bei vielen Kindern Interesse am Schriftbild oder – vorgelesen von mehrsprachigen Fachkräften oder Eltern – auch am Klang. „Die kleine Raupe Nimmersatt“ von Eric Carle z. B. ist in zahlreiche Sprachen übersetzt worden und somit gibt es Ausgaben in vielen verschiedenen Schriften. In zweisprachigen Ausgaben, die neben einer fremdsprachigen Variante auch die deutsche Übersetzung beinhalten, können die Kinder die unterschiedlichen Buchstaben oder Schriftzeichen gut wahrnehmen und vergleichen. Gerade in der Vorschulzeit, in der viele Kinder sich für Buchstaben und Zahlen zu interessieren beginnen, kann es anregend sein, auch andere Schriftarten anzubieten und einzubringen. „Der kleine Drache“ von Christoph Niemann thematisiert z. B. spielerisch in eine Geschichte integriert den Aufbau von chinesischen Schriftzeichen. Die Fachkraft kann den Kindern diese mithilfe des Buches näherbringen.

5 Mehrsprachige Buchtaschen

Um Kindern die Möglichkeit zu geben, sich auch zu Hause – zusammen mit den Eltern – mit Sprachenvielfalt auseinanderzusetzen, bestücken die pädagogischen Fachkräfte kleine Taschen mit Büchern zu verschiedenen Sprachschwerpunkten. Kinder und Eltern können sie ausleihen.
In einer Tasche mit dem Sprachschwerpunkt Italienisch steckt z. B. ein Bildwörterbuch Italienisch–Deutsch, die „Raupe Nimmersatt“ in der italienischen Ausgabe („Il piccolo bruco Maisazio“) und ein zweisprachiges Bilderbuch in Deutsch–Italienisch, wie sie z. B. der Verlag bi:libri anbietet. Die Auswahl der Sprachen richtet sich idealerweise nach den Erstsprachen der Familien in der Einrichtung, sodass es möglichst zu jeder vertretenen Sprache eine passende Büchertasche gibt. (Angelehnt an eine Idee von Sylvia Näger, vgl. Näger 2012, S. 32.)

6 Sprachen sind willkommen!

Nicht alle Kinder sprechen von sich aus in ihrer Erstsprache; manche tun das nur, wenn ihre Gesprächspartner*innen diese Sprache ebenfalls beherrschen. Erlebbar wird eine Sprache aber nur, wenn sie aktiv gesprochen wird – und vor allem gesprochen werden darf. Es sollte daher in der Einrichtung nicht nur erlaubt, sondern erwünscht sein, dass jedes Kind seine Sprachkompetenz in allen Situationen des Alltags einbringen kann, z. B. bei der Begrüßung, beim Zählen der Kinder im Morgenkreis, beim Benennen der Gegenstände auf Memo-Karten, beim Erzählen von Geschichten und natürlich auch im Freispiel mit Kindern gleicher oder auch anderer Herkunftssprache usw.

7 Sprachen vergleichen

Die Unterschiedlichkeit oder Ähnlichkeit von Wörtern kann spannende Gespräche hervorrufen:

- Bedeuten das hessische und das bayerische Wort für eine Tätigkeit exakt dasselbe?
- Bedeuten das deutsche und das türkische Wort für einen Gegenstand exakt dasselbe?
- Klingt der Begriff in verschiedenen Sprachen vielleicht sogar ähnlich?
- Meinen ähnlich klingende Begriffe zwangsläufig dasselbe?

Bei sogenannten „falschen Freunden“ entsteht der Eindruck, dass ähnlich klingende Wörter auch dasselbe bedeuten. So heißt „caldo“ im Italienischen „warm“, erinnert aber sehr stark an das deutsche „kalt“. Darüber hinaus gibt es Wörter, die gar kein Pendant in einer anderen Sprache haben. „Kabelsalat“ lässt sich z. B. nicht in einem Wort in andere Sprachen übersetzen, während „Pisan Zapra“ im Malaiischen die Zeitdauer beschreibt, die man benötigt, um eine Banane zu essen (vgl. Sanders 2014). Hierfür gibt es keine direkte deutsche Entsprechung. Diese Beispiele zeigen, wie viele Gesprächsanlässe die Auseinandersetzung mit verschiedenen Sprachen bietet. Gespräche, die dann voraussichtlich auf Deutsch geführt werden und den Spracherwerb allgemein voranbringen.

ELTERNTIPP:

Lesestifte in vielen Sprachen besprechen

Was sind die Lieblingsreime oder -lieder der Eltern? Vielleicht sind die Eltern bereit, diese in einen Tiptoi-Stift oder Tellimero (Lesestifte zum Selbstbespielen) zu sprechen – gerne auch in anderen Sprachen als Deutsch –, sodass die Kinder das Lied oder Gedicht immer wieder abrufen und anhören können.

8 Mimik, Gestik und Gebärden

Sprache existiert nicht nur gesprochen oder geschrieben. Es gibt auch nonverbale Formen von Sprache wie Mimik, Gestik, Körpersprache und Betonung. Ähnlich wie die Auseinandersetzung mit Gemeinsamkeiten und Unterschieden der gesprochenen Sprachen kann ein Vergleich von Mimiken und Gestiken stattfinden: Bedeutet der „Daumen hoch" wirklich überall „gut gemacht" und ein Nicken überall „ja"? Auch die Gebärdensprache kann eine sinnvolle Ergänzung sein. Es gibt einige vereinfachte, teilweise an die deutsche Gebärdensprache angelehnte Methoden, die von Kindern gut angenommen werden, z. B. „babySignal" von Wiebke Gericke und auch die „Flipbooks" von Talking Hands. Diese ermöglichen eine erste Kommunikationsform mit allen Kindern, aber besonders denen, die ohne Deutschkenntnisse oder mit einer sprachlichen oder körperlichen Beeinträchtigung die Kita besuchen.

9 Übersetzungshilfen

Oft helfen bei der Auseinandersetzung mit Sprachen Übersetzungs-Apps. Wenn die Fachkraft oder die Kinder auf dem Mobiltelefon, Tablet oder Laptop Begriffe und Wendungen in anderen Sprachen „nachschlagen" können, bereichert und erleichtert das sicherlich die Kommunikation in einigen Fällen. Passende Apps gibt es auch für die Gebärdensprache. Ebenso ist die Verwendung von elektronischen Übersetzern möglich. Natürlich gibt es auch Bücher, die sich auf den Wortschatz im pädagogischen Bereich spezialisiert haben, oder Bildwörterbücher für Kinder in verschiedenen Sprachkombinationen wie Deutsch–Türkisch oder Deutsch–Urdu, die sowohl die Kommunikation unterstützen als auch Neugier entfachen und die Auseinandersetzung mit verschiedenen Sprachen erleichtern können.

10 Mehrsprachige Bildwörterbücher

Der Einsatz von mehrsprachigen Bildwörterbüchern hat viele Vorteile für den pädagogischen Alltag. Zum einen können die Bücher als Übersetzungs- und Orientierungshilfe dienen, wenn Kinder nur wenige deutsche Wörter kennen, denn diese können auf die gesuchten Begriffe im Bildwörterbuch zeigen. Zum anderen verschafft die Nutzung eines Bildwörterbuches der Fachkraft einen Eindruck von den Kenntnissen der Erstsprache des Kindes. Sagt das Kind z. B. zu „Haus" „casa", kann die Fachkraft mit einem Bildwörterbuch abgleichen, ob das Wort richtig und somit in der Erstsprache des Kindes bekannt ist.

11 Sprache ist mehr …

Zu einer Sprache gehört immer eine Identität und eine Kultur, die auf unterschiedlichen Ebenen Ausdruck finden können. Deshalb sollten Einrichtungen verschiedene Sprachen nicht nur hör- und sichtbar, sondern auch erlebbar machen. Beispiele:

- Im Bauraum zeigt eine Wand Bauwerke aus aller Welt.
- Im Atelier sind verschiedene Kunststile ausgestellt.
- Der Musikbereich bietet Instrumente und Musik aus aller Welt.
- Die Mahlzeiten bestehen auch aus Speisen anderer Länder.
- Die Esskultur berücksichtigt auch Tischsitten anderer Kulturen (mit der Hand, mit Stäbchen essen).

Finden fremdsprachige Kinder hier Vertrautes wieder, fällt es ihnen leichter, auch die Erstsprachen anzuwenden.

12 Hörspiel „Wer hat mein Eis gegessen?"

… ist eine inszenierte Lesung derselben Geschichte von Rania Zaghir in 20 verschiedenen Sprachen. Zunächst hören die Kinder die Geschichte in einer für sie unbekannten Sprache an und raten, worum es gehen könnte. Aufgrund der Geräusche und Lautmalereien bzw. einiger evtl. bekannter Wörter kommen die Kinder meistens darauf, dass es um etwas Essbares, konkret: Eis, geht. Nun wählt die Fachkraft eine Sprache aus, die einige Kinder der Gruppe kennen. Diese dürfen nun erzählen, was sie verstanden haben. Wenn sie die CD mit den Kindern schon öfter gehört hat, kann sie die Kinder auch raten lassen: „In welcher Sprache wird die Geschichte gerade erzählt?"

LESE- & MATERIALTIPPS

→ Budde, P./Kronfli, J. (2018): Musik ist Heimat. Aachen: Ökotopia.

→ Carle, E. (2017): Die kleine Raupe Nimmersatt. Hildesheim: Gerstenberg.

→ Gericke, W. (2019): babySignal. Mit den Händen sprechen. Spielerisch kommunizieren mit den Kleinsten. München: Kösel.

→ Glantschnig, H. (2010): Blume ist Kind von Wiese. Frankfurt: Büchergilde (nur noch antiquarisch erhältlich).

→ Höfele, H./Steffe, S. (2015): Ein Schubidu geht um die Welt. Freiburg: Herder.

→ Hüsler, S. (2017): Kinderverse in über 50 Sprachen. Freiburg: Lambertus.

→ Tripolina, D. (2017): Einzigartige Wörter. 333 Begriffe, die es nur in einer Sprache gibt – und was sie bedeuten. München: Riva.

→ Zaghir, R. (2009): Wer hat mein Eis gegessen? Berlin: Edition Orient (CD mit einer Geschichte in 20 Sprachen).

→ Die Seite https://www.tamakai-books.de/de/ bietet Bücher in vielen unterschiedlichen Sprachen (letzter Zugriff: 21.3.2022).

Materialien

→ „Tiptoi", Ravensburger (sprechender Stift, teilweise mit Aufnahmefunktion)

→ „Tellimero", Betzold (Lesestift zum Selbstbespielen)

→ „Flipbooks", Talking Hands, bestellbar unter https://talkinghandsflipbooks.com (letzter Zugriff: 21.3.2022); Daumenkinos zum Lernen von Gebärden, die sowohl von Kindern als auch Fachkräften im pädagogischen Alltag genutzt werden können

→ „SpreadTheSign" (Gebärden-App)

Spiele

→ „Kinderspiele aus aller Welt", Ravensburger (Ideen- und Materialsammlung, um Spiele aus anderen Kulturkreisen spielen zu können)

→ „Das Familienspiel", Verlag das Netz (große Vielfalt an verschiedenen Familienmodellen aus zahlreichen Herkunftsländern)

LITERATUR

Albers, T./Ritter, E. (2015): Zusammenarbeit mit Eltern und Familien in der Kita. München: Ernst Reinhardt.

Albers, T. (2015): Das Bilderbuch-Buch. Sprache, Kreativität und Emotionen in der Kita fördern. Weinheim: Beltz.

Alt, K. (2016): Mit Kindern Bilderbuchwelten vielfältig entdecken. Basiswissen & Praxisideen. Weinheim: Beltz.

Bücken-Schaal, M./Heukamp, S. (2020): Die 50 besten Spiele zur alltagsintegrierten Sprachbildung. München: Don Bosco.

Colpron, G./Dörfler, M. (2016): Erzählen mit dem Kamishibai. Zuhören – Nacherzählen – freies Erzählen. In: Grundschule Deutsch, 1/2016, S. 36–39.

Dehn, M./Osburg, C./Oomen-Welke, I. (2011): Kinder & Sprache(n). Was Erwachsene wissen sollten. Hannover: Kallmeyer.

Erkert, A. (2007): Sprachförderspiele. Freiburg: Christophorus.

Greiner-Burkert, B. (2012): Richtig gut erzählen. Geschichten & Märchen gekonnt präsentieren. München: Tausendschlau.

Jampert, K./Zehnbauer, A./Sens, P. et al. (Hrsg.) (2009): Kinder-Sprache stärken! Sprachliche Förderung in der Kita: das Praxismaterial. Weimar/Berlin: Verlag das netz.

Jampert, K./Thanner, V./Schattel, D. et al. (Hrsg.) (2011): Die Sprache der Jüngsten entdecken und begleiten. Sprachliche Bildung und Förderung für Kinder unter Drei. Weimar/Berlin: Verlag das netz.

Jungmann, T./Albers, T. (2013): Frühe sprachliche Bildung und Förderung. München: Ernst Reinhardt.

Kammermeier, G./Roux, S./King, S. et al. (2019): Mit Kindern im Gespräch. Strategien zur Sprachbildung und Sprachförderung von Kindern in Kindertageseinrichtungen. Augsburg: Auer.

Kittel, A. (2012): Myofunktionelle Störungen. Ein Ratgeber für erwachsene Betroffene. Idstein: Schulz-Kirchner.

Kober, N. (2017): Ich erzähle frei. Der einfache Weg zum lebendigen Geschichtenerzählen. München: Don Bosco.

Krifka, M./Błaszczak, J./Leßmöllmann, A. et al. (2014): Das mehrsprachige Klassenzimmer. Über die Muttersprachen unserer Schüler. Berlin: Springer.

Küspert, P./Schneider, W. (2018): Hören, lauschen, lernen. Sprachspiele für Kinder im Vorschulalter. Göttingen: Vandenhoeck & Ruprecht.

Maar, P. (2007): Jaguar und Neinguar. Hamburg: Oetinger.

Maier, W. (1999): Deutsch lernen in Kindergarten und Grundschule. München: Don Bosco.

Mannhard, A. (2019): Was Erzieherinnen über Sprachstörungen wissen müssen. Berlin: Cornelsen.

Monschein, M. (2008): Die 50 besten Spiele zur Sprachförderung. München: Don Bosco.

Näger, S. (2012): Wenn Bücher reisen. Die Rucksackbibliothek. In: kindergarten heute, 4_2012, S. 32 f.

Rogge, J.-U./Bartram, A. (2017): Wie Sie reden, damit Ihr Kind zuhört und wie Sie zuhören, damit Ihr Kind redet. München: Gräfe & Unzer.

Sanders, E. F. (2014): Lost in Translation. Unübersetzbare Wörter aus der ganzen Welt. Köln: Dumont.

Schlösser, E. (2004): Zusammenarbeit mit Eltern – interkulturell. Aachen: Ökotopia.

Schmitz, E. (2016): Und vorne geht der Elefant. O. O.: Braunbär Verlag.

Szagun, G. (2007): Das Wunder des Spracherwerbs. So lernt Ihr Kind sprechen. Weinheim: Beltz.

Tracy, R. (2008): Wie Kinder Sprachen lernen. Und wie wir sie dabei unterstützen können. Marburg: Francke.

Weitzman, E./Greenberg, J. (2010): ABC and Beyond. Building Emergent Literacy in Early Childhood Settings. Toronto: Hanen Centre Publication.

Die Inhalte der Rubrik „Für Sie in den Bildungsplan geschaut“ stammen allesamt aus den auf der Seite des „Deutschen Bildungsservers“ (https://www.bildungsserver.de/bildungsplaene-der-Bundeslaender-fuer-die-fruehe-Bildung-in-Kindertageseinrichtungen-2027-de.html) verlinkten Bildungsplänen der einzelnen Bundesländer (letzter Zugriff: 8.11.2021).

IN EIGENER SACHE/DANKSAGUNG

Dieses Buch wurde von mir nach bestem Wissen erstellt und versteht sich als Sammlung von Impulsen, die selbstverständlich nicht alle von mir selbst erfunden wurden. Nicht immer ist es aber möglich, eine konkrete Quelle oder Person zu benennen. Sollte jemand als Ideengeber*in nicht genannt worden sein, bitte ich um Verständnis – und um Entschuldigung.
Ich widme dieses Buch meinen Eltern, die Sprache in mir wachsen ließen und bis heute immer Zeit für ein Gespräch haben.
Mein Dank geht an den Verlag Herder und speziell an meine Lektorin Franziska Aehlen für die gute, herzliche und gewinnbringende Zusammenarbeit. Ein großes Dankeschön auch an Veronika Preisler für die wunderbar lebendigen Vignetten. Und vielen Dank an meine Familie für die Geduld und einige gute Ideen.

IMPRESSUM

„So wächst Sprache. Impulse für die sprachliche Bildung in der Kita“ ist ein Produkt von kindergarten heute – Das Fachmagazin für Frühpädagogik.

Chefredaktion:
Thilo Bergmann
Tel. 0761/2727-209
E-Mail: bergmann@herder.de

Redaktion/Lektorat:
Franziska Aehlen
Tel. 0761/2727-238
E-Mail: aehlen@herder.de

Anschrift der Redaktion:
kindergarten heute
Herman-Herder-Str. 4
79104 Freiburg
Tel. 0761/2717-322
E-Mail: redaktion@kindergarten-heute.de

www.herder.de

Bei Fragen zur Produktsicherheit:
produktsicherheit@herder.de

Gestaltung und Satz: Veronika Preisler, München
Herstellung: DZS Grafik, Ljubljana
Printed in Slovenia
ISBN 978-3-451-00872-6